以案为鉴 警钟长鸣

环保系统违纪违法典型案例选编

YIAN WEIJIAN
JINGZHONG CHANGMING
HUANBAO XITONG WEIJI WEIFA DIANXING ANLI XUANBIAN

中央纪委驻环境保护部纪检组　编

中国环境出版社 · 北京

图书在版编目（CIP）数据

以案为鉴，警钟长鸣 ：环保系统违纪违法典型案例选编 / 中央纪委驻环境保护部纪检组编．-- 北京 ：中国环境出版社，2017.5
ISBN 978-7-5111-3147-8

Ⅰ．①以… Ⅱ．①中… Ⅲ．①环境保护－工作人员－刑事犯罪－案例－汇编－中国 Ⅳ．①D924.305

中国版本图书馆 CIP 数据核字（2017）第 081991 号

出 版 人 王新程
责任编辑 韩 睿
责任校对 尹 芳
装帧设计 彭 杉

出版发行 中国环境出版社
（100062 北京市东城区广渠门内大街 16 号）
网 址：http://www.cesp.com.cn
电子邮箱：bjgl@cesp.com.cn
联系电话：010-67112765（编辑管理部）
010-67168033（监测与监理图书出版中心）
发行热线：010-67125803，010-67113405（传真）
印 刷 北京中科印刷有限公司
经 销 各地新华书店
版 次 2017 年 5 月第 1 版
印 次 2017 年 5 月第 1 次印刷
开 本 787×960 1/16
印 张 16
字 数 15 千字
定 价 45.00 元

前言

习近平总书记在党的群众路线教育实践活动总结大会上的讲话强调，要“加强舆论监督，注重对比宣传，既发挥先进典型示范引领作用，又发挥反面典型警示震慑作用”。开展警示教育，警钟长鸣，能够实现警示性、震慑性、教育性的有机结合，达到严肃党纪、强化党员干部廉洁从政意识的目的。

党的十八大以来，党中央国务院对环境保护工作高度重视，环境保护事业飞速发展，取得了显著的成绩。然而，随着环保部门地位和职能的变化，环保系统党风廉政建设和反腐败斗争也面临新的挑战，形势更加严峻，任务更加艰巨。据统计，近年来环保系统违纪违法案件总量呈现增长趋势，2015 年全国纪检监察机关处分环保部门工作人员 1 898 人，比 2014 年的 1 684 人增长 12.7%；2016 年处分 2 602 人，比 2015 年增长 37.1%。从被查处的个案来看，一些社会关注度较高、影响较大的案件时有发生，如环境保护部原副部长张力军、环境保护部科技标准司原司长熊跃辉、华北环境保护督查中心原巡视员王赣江、山西省环保厅原厅长刘向东、浙江省环保厅原厅长徐震、广东省环保厅原厅长李清、河北省环保厅原副厅长李葆等违纪违法案件。

这一连串的数字和一个个的案例，既是惨痛的代价，又是鲜活的教材。案例中的主角曾经是环保战线上的一员，曾经就工作生活在我们身边，而如今他们却身陷囹圄，失去了自由。俗话说：“聪明的人从别人的身上借鉴经验，愚蠢的人用自己的鲜血获取教训。”作为明白人，就应当从案例中探寻腐败分子堕落和蜕变的轨迹，分析背后的深层次原因，吸取教训引以为戒，而不能宁当蠢人，对他人的警示麻木不仁，对自己的危险听之任之，重蹈覆辙，成为新案例的主角，更不能自作聪明，认为自己比案例中人高明，觉得可以瞒天过海，到最后越陷越深，而难以自拔。

为深入开展警示教育，使环保系统广大党员干部警钟长鸣，2016年年底，中央纪委驻环境保护部纪检组启动了违纪违法典型案例的编写工作。我们向各省（区、市）环保部门征集了近三年来环保系统违纪违法案例200多个，从中挑选了较有代表性的56个案例汇编成册，其中，贪污受贿的48个，失职渎职的5个，国有资产流失的1个，其他刑事犯罪的2个。贪污受贿仍是党员干部违纪违法的主要形态，涉及司局级干部案例2个、处级17个、科级25个、其他工作人员4个。从行为上看，有虚构领取补贴身份侵占补贴款的，有签订虚假合同把单位资金占为己有的，有通过投资入股收受监管对象好处的，有通过近亲属进行利益输送的，贪污受贿手段形式多样、不一而足，都具有典型性。失职渎职行为往往都与受贿行为相伴而生，5个失职渎职的案例，同时涉及受贿的就有 3 个，所以说重大事故背后往往隐藏着腐败问题。私分国有资产的案例虽然只有一个，却很有警示意义。环保部门所属事业单位较多，多数还对外开展环保业务，对于收入如何处理不可不慎重，如若处理不当，就容易构成私分国有资产罪。这次还收录了两个其他刑事犯罪的案例，一个涉及诈骗罪，另一个涉及强奸罪。从罪名上看，这两个案例似乎与当事人作为环保工作人员的身份没什么联系，其实不然，案例中当事人特殊的身份还是为其作案提供了便利，有深刻的经验教训值得总结。

此次案例汇编只收录法院已经作出生效判决的案例，所以有些案件虽较受关注，却未作出有效判决，不在收录的范围内。此次编写案例工作得到了各省（区、市）环保厅（局）纪检组的大力支持，尤其是浙江省、吉林省环保厅纪检组提供了大量的案例，大大丰富了编写的素材，谨此表示感谢！

中央纪委驻环境保护部纪检组

2017 年 3 月

目　录

第一篇　贪污受贿行为 /1

第一篇

贪污受贿行为

环境保护部科技标准司原司长熊跃辉受贿案

熊跃辉，男，1956 年 5 月出生，汉族，大学本科学历，曾任中华人民共和国环境保护部华北环境保护督查中心主任、科技标准司司长。

2010 年至 2013 年，熊跃辉利用担任环境保护部华北环境保护督查中心主任，负责河南、河北等区域环境执法督查工作的职务便利，接受湖南麓南脱硫脱硝科技有限公司法定代表人杨某、河北敬业集团副总经理周某、新华联合冶金控股集团有限公司法定代表人孙某等人的请托，分别为上述公司在环保工程招投标、环境执法督查等事项上提供帮助。为此，熊跃辉先后多次收受钱款共计人民币 240 余万元。

2010 年，湖南麓南脱硫脱硝科技有限公司法定代表人杨某为中标东方希望（三门峡）铝业公司环保项目找到熊跃辉，熊跃辉利用其职权向东方希望集团推荐了杨某的公司，2011 年，其公司中标该项目，总计金额3 000余万元。2011年5月，熊跃辉以女儿的名义在湖南益阳买了一套别墅，杨某为感谢熊跃辉帮助公司顺利中标，为其支付了房款和各种税费328万余元，后熊的女儿通过网上银行给杨某转了100万元。

2011年下半年，环境保护部给河北敬业集团公司下属的敬业冶炼有限公司下达行政处罚听证告知书，该集团公司副总经理周某请熊跃辉帮忙打听环境保护部处罚听证的意图和进展情况。过了没多久，熊跃辉打电话说环境保护部可能不处罚其公司。为表感谢，2013年春节期间，周某以拜年的名义给熊跃辉送了10万元现金。

新华联合冶金控股集团有限公司法定代表人孙某，为了和熊跃辉搞好关系，找他打听一些环保政策、规划信息，环保检查的重点，以及遇到麻烦时可以请他帮忙协调解决，并多次给熊跃辉送钱。

2016年11月30日，北京市第二中级人民法院以受贿罪初审判处熊跃辉有期徒刑六年，并处罚金人民币60万元（自2015年11月18日起至2021年11月17日止）；扣押在案的人民币250万元中的246.849万元予以没收，上缴国库，余额并入罚金项执行。

案例点评

宋代著名理学家朱熹有诗云："世路莫如贪欲险，几人到此误平生。"岁近耳顺之年的熊跃辉，怎么也没想到，自己会在快要退休的节点，受到组织调查，并最终锒铛入狱，遗恨终生。

熊跃辉出生农村，从基层干起，凭借个人的奋斗和组织的培养，一步步走到国家部委正司级领导岗位，这一切可谓来之不易。倘若他能够始终安守本分，廉洁自律，管理好自己，最终安全着陆，其奋斗历程不失为成为一段美谈。遗憾的是熊跃辉随着位置的升迁，个人私欲也不断膨胀，最终放纵自己，放松自律，步步堕入深渊。

从党纪处分来看，熊跃辉除违反政治纪律、组织纪律、廉洁纪律外，还违反生活纪律，与多名女性发生不正当关系，违反中央八项规定精神，多次出入私人会所，接受企业老板邀请打高尔夫球。贪色、贪图享乐与贪财是相依相生的关系，贪色必然导致爱慕虚荣，贪图享乐必然导致挥霍无度，领导干部染上这两个毛病，必然对钱财如饥似渴，必然容易受到别有用心的老板的围猎。

熊跃辉还是两面人，一面在公开场合一个劲儿地唱高调，表面上非常重视党风廉政建设和反腐败工作，频繁地向组织报送反腐倡廉工作的经验材料，在讨论会上慷慨发言向兄弟单位传经送宝；一面私底下跟被监管企业老板权钱交易，没有底线，与多名女性勾勾搭搭，不知羞耻。

熊跃辉的最大一笔受贿200多万元来自湖南麓南脱硫脱硝科技有限公司法定代表人杨某。他自以为让杨某帮其子女支付购房款，就显得与自己无关，可以遮人耳目。其实这不过是“此地无银三百两”的伎俩，没有他利用职权，帮助杨某拿到3 000多万元的工程，这200多万元的“馅饼”怎能白白砸到其子女头上？只可惜“馅饼”最后成了“陷阱”，成了熊跃辉违法乱纪的铁证。

熊跃辉的案例生动告诉我们：贪如火，不遏则燎原；欲如水，不遏则滔天。作为党员干部要从中深刻吸取教训，坚持理想信念宗旨高压线，守住纪律底线，不触碰法律红线，自觉用党的纪律和规矩约束自己的行为，真正做到依法行政、为民用权，努力成为对党忠诚、个人干净、敢于担当的好党员、好干部。

北京市环境保护宣传中心
原主任张宝森贪污受贿案

张宝森，男，1957 年 8 月出生，汉族，大学本科学历，1997 年 3 月任北京市环境保护宣传教育中心副主任，2003 年 12 月任该中心（后于 2010 年 4 月更名为北京市环境保护宣传中心）主任，2010 年 11 月兼任北京市环境保护局离退休干部服务中心主任，2013 年 5 月不再担任北京市环境保护宣传中心主任。

2008 年 5 月至 6 月，张宝森利用担任北京市环境保护宣传中心主任的职务便利，通过与北京市京海通联国际科技会展有限公司签订虚假合同的方式，套取公款人民币 22.7 万元。2008 年 12 月，张宝森利用职务便利，向北京京海通联国际科技会展有限公司总经理吴某索要人民币 3 万元。

2009 年 5 月至 2013 年 5 月，张宝森指使他人用本单位的公款办理北京四季御园餐饮服务有限公司等消费场所的消费卡 10 张，共计人民币 18.775 2 万元，并占为己有。

2011 年 12 月，张宝森通过与北京宏达北龙技术服务有限公司签订虚假合同的方式，套取公款人民币 69 万元，并占为己有。

2013 年 3 月，张宝森与中国环境报社签订《中国环境报北京 $PM_{2.5}$ 治理宣传协议书》，支付给中国环境报社宣传费用人民币 12 万元，后张宝森将中国环境报社返还的组稿费人民币 4.300 39 万元占为己有。

2013 年 4 月至 5 月，张宝森通过与中视海润（北京）文化传播有限公司签订虚假合同的方式，分两次套取公款共计人民币 10.54 万元。

2013 年 5 月，张宝森将本单位价值人民币 4 万元的城乡仓储超市购物卡占为己有。其还通过与北京市京海通联国际科技会展有限公司签订虚假合同的方式，套取公款人民币 7.66 万元。

张宝森身为国家工作人员，利用职务便利，非法占有公共财物，数额巨大，其行为已构成贪污罪；索取他人财物，数额较大，其行为已构成受贿罪。北京市海淀区人民法院 2016 年 7 月 18 日以贪污罪、受贿罪判处张宝森执行有期徒刑五年两个月，罚金人民币 40 万元。在案扣押的人民币 146.875 59 万元，其中 136.975 59 万元发还北京市环境保护宣传中心，3 万元予以没收，6.9 万元充抵罚金。

案例点评

古人云：“自古清廉无遗祸，从来贪争有后殃。”

北京市环境保护宣传中心原主任张宝森几乎是利用一切可利

用的机会，占公家的便宜，中饱私囊。他贪污的手段司空见惯，凭借自己是单位的一把手，决策和财务“一支笔”，想跟谁签合同就跟谁签合同，钱想怎么花就怎么花，他多次签订虚假合同，套取公款，屡屡得手。

随着环境保护越来越被重视，环境保护部门可支配的经费越来越多。从以前的清水衙门跃变为炙手可热的部门，一些党员领导干部却没做好准备，在金钱诱惑面前，把控不住自己，心里觉得“不贪白不贪”，所以想方设法去贪，自以为手段高明，行事隐蔽，可以瞒天过海，可最终还是“法网恢恢，疏而不漏”。

陈毅同志曾作诗“手莫伸，伸手必被捉。党与人民在监督，万目睽睽难逃脱……”革命先辈的警告振聋发聩！还是清清白白做人，干干净净做事换来一生的心安和平安，才是最明智的选择！

北京市西城区环保局煤改电管理中心原科员王征贪污案

王征，男，1978年9月出生，汉族，大学本科学历，2001年7月到北京市西城区环保局工作，后任西城区环保局煤改电管理中心科员，2012年7月起负责西城区低谷电补贴发放等工作。

武元成，男，1980年7月出生，汉族，高中文化，2012年2月起任石家庄华安热能科技有限公司北京西城区煤改电部销售经理。

王征伙同武元成，于2012年12月至2015年9月，利用王征担任西城区环保局煤改电管理中心科员，负责西城区煤改电居民低谷电补贴核算、发放的职务便利，采取收集社会人员身份证件开立270个北京银行存折账户、虚构享受补贴居民信息的方式，多次骗取低谷电补贴共计人民币近1 141万元。其中，武元成所办理的240个存折内转入低谷电补贴共计人民币1 039余万元。在北京市西城区平房煤改电示范区电采暖补助工作中，西城区环保局负责指导煤改电补贴的发放工作，负责与供电部门协调，落实居民低谷用电查询方式，负责按各街道办事处提交的低谷电补贴明细，向银行拨付资金。

王征身为国家工作人员，伙同武元成，利用职务便利，以骗取手段非法占有公共财物，数额特别巨大，其行为均已构成贪污罪。2016 年 10 月 29 日，北京市第二中级人民法院以贪污罪判处王征有期徒刑八年，并处罚金人民币 50 万元；以贪污罪判处武元成有期徒刑四年，并处罚金人民币 20 万元；继续追缴王征人民币 1 140.935 751 万元，发还北京市西城区环保局，武元成对其中的 1 039.699 148 万元承担连带退赔责任；在案扣押、冻结的款项及股票之变价款并入追缴项执行。

案例点评

党的十八大以来，党中央加大反腐倡廉工作力度，既“打老虎”，又“拍苍蝇”。“老虎”和“苍蝇”是对腐败分子形象的比喻，级别高的比作“老虎”，级别低的比作“苍蝇”。从危害上看，“苍蝇”并不必然比“老虎”小，有的“苍蝇”，在贪腐的数额、行为的性质、社会的影响等方面，一点儿都不比“老虎”逊色。有着“亿元水官”之称的马超群就是典型的例子。马超群虽然级别不高，可是利用北戴河供水总公司总经理的职务之便，收受巨额贿赂，从家中搜出现金上亿元，黄金 37 千克，房产手续 68 套，简直令人瞠目结舌。

王征、武元成是环保领域“小官巨贪”的鲜活例子。一个是任西城区环保局煤改电管理中心科员；另一个为石家庄华安热能科技有限公司北京西城区煤改电部销售经理，两个人从级别上看，连科级都不是，却能联手贪污1 000多万元，不能不令人深刻反思！他们采取收集社会人员身份证件开立270个北京银行存折账户，虚构享受补贴居民信息的方式，这么大范围的造假，为什么就不会被发现？王征负责西城区低谷电补贴发放等工作，难道所有的事情都是一个人说了算，没有监督制约的环节？

很多“小官巨贪”都与工作机制不完善，制约和监督存在盲区有很大关系。这些小官平时不太被重视和关注，却手握大权，在监督和制约缺失的情况下，在自己的“一亩三分地”为所欲为，直到最后“纸包不住火”，酿成巨贪，被查处曝光。

案例中王征、武元成贪了那么多钱，势必影响补贴的正常发放。该补贴的没补贴到位，也势必会影响煤改电工程的顺利推进，进一步影响首都雾霾的防治。所以说，要守住自然生态的绿水青山，就先要守住政治生态的绿水青山。

河北省子牙河白洋淀环保督查中心原副主任夏长友受贿案

夏长友，男，1961 年 8 月出生，汉族，大学本科学历，原系河北省子牙河白洋淀环境保护督查中心副主任。

吴雷，男，1962 年 12 月出生，汉族，大学本科学历，曾任河北省三河市环保局局长，案发前任河北省三河市燕郊高新技术产业开发区工委委员。

2010 年春，夏长友带工作组到廊坊市检查省审批建设项目“三同时”执行情况时，发现三河市燕郊镇的珈伟光伏材料（三河）有限公司和晶龙集团工业园区正进行项目建设，但未按照国家规定同时设计建设环保治污设施，于是口头向两家企业和作为监管机构的三河市环保局提出了整改意见。时任三河市环保局局长的吴雷表示督促企业尽快落实。事后，夏长友与吴雷商定，由夏长友联系施工单位，吴雷与珈伟光伏材料（三河）有限公司和晶龙集团工业园区协调，合同签订后，要求施工单位按工程造价的

15% 给予两人好处费。2011 年年初，经夏长友、吴雷向晶龙集团工业园区推荐，河北祥禾泰环保科技有限公司执行总经理张某到晶龙集团工业园区洽谈该园区一期工程污水处理站项目。谈判期间，夏长友向张某提出，如果合同签订，要按照工程造价的 20% 给予提成，对此张某表示接受。2011 年 8 月 23 日，祥禾泰环保科技有限公司的合作单位上海晓沃环保防腐工程有限公司分别与三河市华电亿力公司、阳光硅谷公司（两家企业同为晶龙集团下属公司）签订了污水处理站工程承包合同和购销合同，工程总造价 1 280 万元。2011 年 9 月，张某先将 70 万元现金送给了夏长友。夏长友随后将其中的 35 万元送给了吴雷。2011 年 12 月，张某又送给了夏长友 10 万元现金。2012 年 5 月，张某又将 20 万元现金送给了夏长友。

2011 年年初，由吴雷介绍，河北碧洁环保科技有限公司总经理杨某与珈伟光伏材料（三河）有限公司商谈承揽该公司的污水处理工程。后夏长友向杨某提出，如果合同签订，要按照工程造价的 20% 给予提成。杨某对此表示可以考虑。2011 年 3 月初，河北碧洁环保科技公司与珈伟光伏材料（三河）有限公司签订了 160 万元的技术服务合同书。3 月下旬，杨某将 10 万元现金送给了夏长友。

2009 年至 2013 年的春节期间，大厂回族自治县化工博览经销处负责人王某为让夏长友帮助其向企业推销盐酸之事，先后给予夏长友现金共计 26 万元。夏长友利用职务之便，向三河市的燕钢冷轧钢板有限公司副总经理安某作了推荐。自 2009 年 4 月至案发前，大厂回族自治县化工博览经销处一直为燕钢公司供应盐酸。

夏长友、吴雷身为国家工作人员，利用职务便利，索取和非法收受他人财物，为他人谋取利益，其行为均已构成受贿罪。2016年5月26日河北省石家庄市长安区人民法院以受贿罪判处夏长友有期徒刑十一年、吴雷有期徒刑九年；扣押在案的二人受贿所得赃款共计136万元人民币，依法没收，上缴国库。

案例点评

党的十八大之后，反腐是“老虎”与“苍蝇”一起打。打“老虎”带出“苍蝇”，拍“苍蝇”发现“老虎”，在此次反腐风暴中屡见不鲜。“苍蝇”和“老虎”，两类势力悬殊的物种，往往在同一条权力寻租的船上，成为相互遮掩的贪腐联盟。究其本质，“苍蝇”与“老虎”并没有什么区别，其背后都是不受约束、腐化变质的权力。对于反腐来说，“苍蝇”与“老虎”同等重要，都属于被严厉打击的对象。可对于百姓来说，这种“苍蝇式腐败”大多发生在基层，离群众特别近，又像“苍蝇”一样分布广泛、“每天扑面”，基层群众深受其害。因此，老百姓在为“打虎无禁区”点赞的同时，更期待“拍蝇无死角”。同时，有些人误以为严惩“老虎”可能会漏掉“苍蝇”，这种投机主义的想法，也为“苍蝇”滋生提供了畸形的土壤。河北省子牙河白洋淀环境保护督查中心副主任夏长友、河北省三河市环保局局长吴雷就是这种“苍蝇”，他们臭味相投，利用职务便利，多次向监管企业索贿，数额巨大、情节恶劣，最终断送了政治前途，闹得人财两空、身败名裂，还严重影响了党和政府的声誉。因此，社会的目光不但要盯住“老虎”，也要盯住“苍蝇”，“苍蝇”少了，民众的满意度也就高了，党和国家带来的获得感也会更强。

我们的干部在面对利益诱惑时，必须把忠诚、干净、担当作为基本政治素养，坚守个人干净的为官底线，注重加强党性修养，防微杜渐，千万不能因一念之差，贪图蝇头小利而导致终身悔恨。

河北省承德市平泉县环保局原党组书记、局长于波受贿、巨额财产来源不明案

于波，男，1964年1月出生，汉族，专科学历，1986年8月参加工作，1993年10月加入中国共产党，2009年8月起任承德市平泉县环保局党组书记、局长。

于波自2009年8月任平泉县环保局局长以来，利用职务便利多次收受他人财物总计人民币52万元，并为他人谋取利益。

例如，2010年至2013年的春节期间，于波4次收受天宝集团宝海有限公司经理高某所送人民币5万元；2010年年底，于波为承德新永晟碳业有限公司争取“以奖代补”资金，收受该公司经理王某所送人民币2万元；2011年和2012年的春节期间，于波两次收受承德永辉矿业集团有限公司副总经理李某所送人民币2万元。

另外，有370余万元巨额财产来源不明。经查明，于波银行存单224万元，债权85万元，现金71.93万元，购物中心和

超市卡 5 万元，另有房产 3 套。根据承德市天平司法鉴定中心的鉴定结果，截至 2014 年 3 月，于波家庭各项财产合计金额为 529.980 2 万元；于波家庭收入合计金额为 129.164 409 万元，于波受贿所得 52 万元，4 项可以说明来源的收入 22.783 629 万元；家庭总支出合计金额为 46.643 058 万元。于波不能提供财产来源的金额为 372.675 22 万元。

2015 年 6 月 15 日，承德市中级人民法院作出终审判决，以受贿罪、巨额财产来源不明罪判处于波有期徒刑十二年，对受贿金额人民币 52 万元及财产的差额部分人民币 372.675 22 万元予以追缴。

2015 年 11 月 25 日，平泉县监察局作出决定，给予于波开除公职处分。2015 年 11 月 30 日，中国共产党平泉县委作出决定，给予于波开除党籍处分。

案例点评

平泉县是国家扶贫开发工作重点县，同时也是典型的资源型山区县，矿产资源丰富。随着矿产资源开发的开发利用，出现了一批高耗能、高污染企业。于波作为平泉县环保局党组书记、局长成为企业老板的围猎目标。于波的受贿行为多次发生在春节期间，行贿人用赠送节日礼金等形式掩盖了权钱交易的实质，企图借此逃避党纪国法的制裁。《中国共产党纪律处分条例》第八十三条明确规定："收受可能影响公正执行公务的礼品、礼金、消费卡等，情节较轻的，给予警告或者严重警告处分；情节较重的，给予撤销党内职务或者留党察看处分；情节严重的，给予开除党籍处分。收受其他明显超出正常礼尚往来的礼品、礼金、消费卡等的，依照前款规定处理。”如果上述行为涉嫌犯罪的，还要追究刑事责任。于波的罪名除受贿罪以外，还有巨额财产来源不明罪。在现实生活中，有些国家工作人员通过贪污、受贿等犯罪手段聚敛大量财富，其拥有的财产远远高于其正常收入，但由于其作案手段狡猾、隐蔽，难以获得其犯罪的证据，从而逃避了法律的制裁。为了有效地同腐败犯罪作斗争，在有证据表明国家工作人员拥有与其收入不相符合的数额巨大的财产，或者与其收入水平明显不相称的巨额财产支出时，有关部门可以要求其说明巨额财产或巨额支出的来源。如果国家工作人员拒不提供，或者无法提供合理证明的，对国家工作人员无法说明的差额财产部分，就依法推定其为非法所得，依据本条定罪处罚，并对财产的差额部分予以追缴。这项制度可以在法律层面堵塞漏洞，对腐败分子形成震慑。

吉林省环保厅生态处原处长闫海山受贿案

闫海山，男，1953 年 9 月出生，汉族，大学本科学历，吉林省环保厅退休干部。

闫海山在担任吉林省环保厅生态处处长期间，吉林省农村环境连片整治项目由吉林省环保厅组织开展，闫海山是整个项目的具体负责人。吉林省梅河口市鑫利达汽车销售有限公司法定代表人、董事长王淑艳为了能够达到在吉林省各市、县环保局销售其经营的垃圾运输车的目的，于 2012 年 6 月至 2013 年 5 月，多次向闫海山行贿，总计金额为人民币 246 万元。

闫海山利用职务便利，非法收受他人巨额财物，为他人谋取利益，其行为已构成受贿罪。2016 年 5 月 23 日，吉林省镇赉县人民法院以受贿罪判处闫海山有期徒刑五年，并处罚金人民币 50 万元；违法所得赃款人民币 246 万元，依法予以追缴。

吉林省德惠市环保局原副局长刘景新受贿案

刘景新，男，1964年1月出生，汉族，大学本科学历，原系吉林省德惠市环保局副局长。

2012年夏，刘景新利用其担任德惠市环保局副局长的职务便利，在吉林省农村环境连片整治项目中市环保局垃圾车采购项目招标前，收受东风顺达汽车销售有限公司法定代表人、董事长王淑艳好处费人民币10万元，承诺在此项目中为王淑艳提供帮助，并将王淑艳单位的相关材料送到德惠市政府采购中心。

2012年秋，刘景新收受王淑艳好处费人民币28万元，承诺在车辆验收及拨款方面给予照顾。

刘景新身为国家工作人员，利用职务便利，非法收受他人财物，为他人谋取利益，其行为已构成受贿罪。2014年12月25日，吉林省长春市南关区人民法院以受贿罪判处刘景新有期徒刑三年，并处罚金人民币20万元。

吉林省榆树市环保局污控科原科长薛宪国受贿案

薛宪国，男，1974年12月出生，汉族，大学本科学历，案发前系吉林省榆树市环保局污控科科长。

2012年8月、9月，薛宪国在担任榆树市环保局农村环保科科长期间，负责榆树市2012年度农村环境连片整治项目环保车辆采购，利用职务便利为舒兰市环琪汽车销售有限责任公司提供车辆招标信息，使该公司顺利中标，事后收受利益相关人王淑艳给予的好处费31万元人民币。

2013年8月、9月，薛宪国在担任榆树市环保局农村环保科科长期间，负责2013年度榆树市农村环境连片整治项目环保车辆采购，利用职务便利为舒兰市环琪汽车销售有限责任公司提供车辆招标信息，使该公司顺利中标，事后收受该公司实际控制人王淑艳给予的好处费18万元人民币。

薛宪国身为国家工作人员，利用职务便利，非法收受他人财物，为他人谋取利益，其行为已构成受贿罪。2015 年 3 月 30 日，吉林省长春市南关区人民法院以受贿罪判处薛宪国有期徒刑十一年；收缴在案扣押的薛宪国用受贿款 14.78 万元购买的速腾牌轿车一辆，上缴国库；继续追缴违法所得人民币 34.22 万元，上缴国库。

吉林省敦化市环保局原局长王尧受贿案

王尧，男，1971年12月出生，汉族，大学本科学历，中共党员，原系吉林省敦化市环保局局长。

2013年6月至11月，王尧在担任敦化市环保局局长期间，利用职务便利，为东丰顺达汽车销售有限责任公司中标“2013年敦化农村环境连片整治示范项目车辆采购标段”时提供帮助，事后两次收受吉林省东丰顺达汽车销售有限责任公司法定代表人王淑艳送予的人民币共计70万元，并占为己有。

2016年6月20日，吉林省和龙市人民法院以受贿罪判处王尧有期徒刑三年，并处罚金人民币20万元；追缴赃款人民币70万元，上缴国库。

吉林省图们市环保局原局长王瑞福单位受贿案

王瑞福，男，1973 年 4 月出生，汉族，大学本科学历，吉林省图们市环保局原局长，案发前任图们市石砚镇党委书记。

2013 年 3 月，图们市环保局时任局长王瑞福，在图们市农村连片整治项目的招投标过程中，非法收受吉林省东丰顺达汽车销售有限责任公司法定代表人王淑艳给予的人民币 30 万元；同年 9 月，王瑞福再次收受王淑艳给予的人民币 30 万元。王瑞福将收受的人民币 60 万元交给单位，用于单位支出。

图们市环境保护局非法收受他人财物，为他人谋取利益，已构成单位受贿罪；王瑞福作为图们市环保局时任局长及法定代表人，为他人谋取利益，非法收受他人财物用于单位支出，其行为亦构成单位受贿罪。

2016 年 5 月 23 日，吉林省珲春市人民法院作出判决：图们市环境保护局犯单位受贿罪，判处罚金人民币 20 万元；王瑞福犯单位受贿罪，判处有期徒刑一年六个月，缓刑二年；扣押在案的25万元和上交的35万元违法所得，予以没收，上缴国库。

吉林省龙井市环保局原局长石元东受贿案

石元东，男，1966 年 9 月出生，汉族，大学本科学历，原吉林省龙井市环保局局长。石元东担任龙井市环境保护局局长期间，在辖区农村连片整治项目设备招标过程中，于 2013 年 10 月收受梅河口市兴达汽贸有限责任公司负责人王淑艳所送 30 万元。

石元东身为国家机关工作人员，利用职务便利，非法收受他人巨额财物，并为他人谋取利益，其行为已构成受贿罪。2016 年 9 月 1 日，吉林省珲春市人民法院以受贿罪判处石元东有期徒刑三年，缓刑四年，并处罚金人民币 20 万元；没收退缴在案的违法所得人民币 30 万元，上缴国库。

吉林省珲春市环保局原局长王平受贿、巨额财产来源不明案

王平，男，1967年12月出生，汉族，大学本科学历，原吉林省珲春市环保局局长。

一、受贿罪

2008年至2015年，王平利用担任珲春市住房和城乡建设局局长及珲春市环保局局长的职务便利，分别从王淑艳等16人处收受贿赂共计人民币410万元、5万美元。

例如，2013年，在珲春市农村环境连片整治项目中，王平利用其担任珲春市环保局局长的职务便利，为东丰顺达汽车销售有限责任公司提供帮助，使该公司顺利中标垃圾车辆采购标段，于2013年8月收受该公司董事长王淑艳给予的人民币50万元。

二、巨额财产来源不明罪

经查，王平对于其家庭财产中的 761.133 2 万元人民币无法说明其合法来源。

三、串通投标罪

2013 年，王平利用其担任珲春市环保局局长的职务便利，在该局总投资额为人民币 1 112.4 万元的珲春市农村环境连片整治项目土建工程的招投标过程中，指使赵强挂靠珲春市经典建筑有限公司的资质，并让珲春市建筑工程股份合作公司、珲春森林山建筑安装有限公司互相串通投标报价以陪标的方式参与投标，使得珲春市经典建筑有限公司顺利中标。通过本次农村环境连片整治项目土建工程，赵强分得人民币 69 万余元，王平分得人民币 197 万元、2 万美元。

王平身为国家工作人员，利用职务便利非法收受他人巨额财物，为他人谋取利益，其行为已构成受贿罪；王平身为国家工作人员，其财产明显超过合法收入，差额达 761.133 2 万元，本人不能说明其来源是否合法，已构成巨额财产来源不明罪；王平违反招标法规定，伙同他人，借用有资质的施工单位名义参与投标，与其他投标人串通投标报价，损害国家利益，情节严重，其行为已构成串通投标罪。

2016 年 6 月 7 日，吉林省珲春市人民法院以受贿罪、巨额财产来源不明罪、串通投标罪判处王平有期徒刑十一年，并处罚金人民币 62 万元；追缴违法所得及孳息，上缴国库。

吉林省磐石市环保局原局长苏铁军受贿案

苏铁军，男，1958年7月出生，汉族，硕士学历，原系吉林省磐石市环保局局长。

2012年至2013年，苏铁军担任吉林省磐石市环保局局长，兼任磐石市农村环境连片整治示范项目领导小组成员及该小组办公室主任。磐石市环保局负责吉林省磐石市农村环境连片整治示范项目的组织实施，对该项目进行指导、协调、督促、检查和验收。农村环境连片整治示范项目需要购买垃圾运输车、装载机、手推车和垃圾箱。2012年，东丰顺达汽车销售公司法定代表人王淑艳通过吉林省环保厅生态处处长闫海山找到苏铁军，请求苏铁军帮助其成为垃圾运输车的供应商。后东丰顺达公司顺利中标。2012年年末，王淑艳为表示感谢送给苏铁军人民币35万元。

2012年春季，吉林易鑫工程机械有限公司法定代表人吕某找到苏铁军请求帮助其成为示范项目中装载机、手推车和垃圾箱的供应商。磐石市环保局向磐石市政府采购中心提出购买装载机、手推车及垃圾箱的申请，磐石市政府采购中心采用单一采购来源的方式使易鑫工程机械有限公司中标，中标后，磐石市环保局与易鑫工程机械有限公司签订了政府采购合同。2013 年，吕某又用同样方式成为磐石市农村环境连片整治示范项目的供应商。吕某为表示感谢分 3 次给了苏铁军共计 50 万元。

苏铁军作为磐石市保护局局长、磐石市农村环境连片整治示范项目领导小组成员兼办公室主任，在项目实施过程中，不正确履行职责，未按合同规定的标准进行检查、验收，在生产产品尚未生产完毕、未交付的情况下，在“磐石市政府集中采购验收报告单”上签字。后经吉林省审计厅专项审计调查，垃圾箱、手推车、装载机造价偏高，多支付设备价款 215.970 2 万元：垃圾箱偷工减料，造价虚高，多计设备款 162.2 万元；装载机售价高于市场价，多计设备款 53.770 2 万元。

苏铁军作为国家工作人员，利用职务便利收受贿赂，为他人谋取利益，其行为已构成受贿罪。在任职期间，苏铁军不正确履行工作职责，致使国家利益遭受重大损失，其行为已构成滥用职权罪。2016 年 6 月 23 日，吉林省永吉县人民法院以受贿罪、滥用职权罪判处苏铁军有期徒刑四年，并处罚金人民币 50 万元；追缴违法所得人民币 85 万元，上缴国库。

案例点评

吉林环保系统农村环境连片整治领域腐败窝案涉及省、市、县三级环保部门10多个单位，20多名党员干部，所有的案件均与吉林省东丰顺达汽车销售有限公司法人代表王淑艳有关。一个人竟能"扳倒"吉林环保系统一大片党员干部，简直令人瞠目结舌。

从这一系列的腐败窝案可以看出，王淑艳的手段并不高明，无非就是把吉林省环保厅生态处原处长闫海生公关下来，然后再利用闫海生给各市县环保部门相关负责人打招呼，逐一进行公关，拿下业务，给予回扣。对于拿回扣，一些党员干部纪律和法律意识非常淡薄，觉得这是"一个愿给，一个愿拿"，两厢情愿，天经地义的事，所以就拿得理所当然。然而他们并没有意识到，这样做严重扰乱了市场的公平竞争，甚至很多豆腐渣工程都与拿回扣有关。大部分的回扣是以牺牲工程质量为代价，所以拿回扣不是买卖双方的事，关乎你我，关乎社会，关乎国家。

从这一系列的腐败窝案我们也必须反思，王淑艳为什么能拿下那么多县环保局的业务，上级部门对资金的监管在哪儿？行政招投标程序的制约为什么未能发挥作用？这正说明了我们的监管和程序都有漏洞。有些情况下，招投标基本上形同虚设，招标单位想让谁中标，跟招投标服务公司联合作假，基本上没有什么实现不了的。因此，一方面，要从源头上完善制度，加强监管、严格程序，推进环保领域工程项目的招投标工作的公开透明，减少权力寻租的机会。另一方面，要对领导干部严明纪律，加强监督，让领导干部对招投标工作"不敢插手、不能插手、插不进手"。

江苏省淮安市环保局原调研员张汝华受贿案

张汝华，男，汉族，1955 年 12 月出生，大学本科学历，2000 年 11 月至 2003 年 5 月任淮安市环保局副局长、党组副书记，2003 年 5 月至 2012 年 8 月任市环保局党组书记、局长，2012 年 8 月至 2013 年 4 月任市环保局党组书记，2013 年 4 月至 12 月任市环保局调研员。

2004 年至 2013 年，张汝华在担任淮安市环保局党组书记、局长期间，利用职务便利，先后多次非法收受、索取他人贿赂，为他人谋取利益。受贿犯罪所得共计人民币 106.566 6 万元、2 000 欧元、购物卡价值人民币 115 500 元、100 克金条和 30 克金条各 1 根、价值人民币 7 459 元的黄金生肖饰品一件、面额为 3 000 元的提货单、价值人民币 9 640 元的苹果电脑和手机各一部；非法所得购物卡价值人民币 2 000 元。其中，大部分受贿来自于其下属为获得提拔的“感谢费”。

2014年8月14日，江苏省淮安市中级人民法院以受贿罪判处张汝华有期徒刑七年六个月，并处没收财产人民币40万元；受贿犯罪所得全部赃款赃物予以追缴，上缴国库。

案例点评

与其他受贿罪案例相比有所不同，本案行贿人绝大部分为涉案人环保局内部下属或下属单位人员，绝大部分行贿理由是“请其提拔”，干部选拔任用在这里俨然成了明码标价的“买官卖官”。

“吏治腐败是最大的腐败，为害最烈”，买官卖官历来于法不容，公众深恶痛绝。有的人迷信“不跑不送，降职使用；只跑不送，原地不动；又跑又送，官运亨通”。可以说，官帽一旦成了商品，明码标价，肆意买卖，无论买者还是卖者都是国贼禄蠹。不严加整治，买官卖官就会愈演愈烈，严重影响公平公正。中央纪委、中组部曾接连印发了《关于严厉整治干部选拔任用工作中行贿受贿行为的通知》《坚决刹住用人上的不正之风——关于12起违规违纪用人典型案例的通报》等文件，要求坚决抵制包括买官卖官在内的选人用人腐败现象。

习近平总书记强调，要严明组织人事纪律，对违反组织人事纪律的坚决不放过，对跑官要官、买官卖官的绝不姑息，发现一起，查处一起。建立正淘汰机制，确保干干净净干事的人成为干部队伍的主流，通过强有力的用人杠杆把干干净净干事转化为推动事业发展的强大动力。

江苏省淮安市辐射与固废管理办公室原主任胡爱军受贿案

胡爱军，男，1963 年 2 月出生，汉族，大学本科学历，2008 年 9 月至案发前任淮安市辐射与固废管理办公室主任（单位原名为淮安市核与辐射安全中心，2009 年 8 月 17 日改为现用名，系淮安市环保局下属事业单位）。

李强，男，1968 年 11 月出生，汉族，大专学历，原系江苏淮河化工有限公司安环处处长。

一、受贿罪

2009 年春节至 2013 年中秋节，胡爱军利用担任淮安市辐射与固废管理办公室主任的职务之便，先后 11 次收受他人财物共计价值人民币 64.221 74 万元，为他人谋取利益。具体如下：

收受李某为感谢在介绍污泥处置业务及费用结算方面提供帮助所送的人民币 41.492 万元；江苏宏邦化工科技有限公司总经理

陈某希望在危险工业固体废料处置中心项目上得到其关照，以工资名义发放给胡爱军人民币共计 9.529 74 万元；收受张某为感谢其在办理废油交换转移审批手续中给予的关照所送人民币 20 000 元；收受淮安市星宇再生资源有限公司陆某为感谢其在办理废油交换转移审批手续中给予的关照所送人民币 27 000 元；收受淮安市德开再生资源有限公司何某为感谢其在申领危险废物经营许可证预审和办理废油交换转移申请手续过程中给予的关照所送人民币 10 000 元；通过银行转账方式收受屠某为感谢其在所承接的淮安市淮安区昌泰甘油厂环境影响评价业务审批过程中提供帮助的贿赂的人民币 2 万元；收受沈某等 3 人为感谢其关照所送人民币 7 000 元。期间，共计收受各企业为感谢其在监管过程中给予的关照所送的购物卡价值人民币 30 000 元。

二、职务侵占罪

2009 年至 2012 年，李强和胡爱军合谋，利用李强职务上的便利，在江苏淮河化工有限公司污泥处置过程中，以胡爱军实际控制的淮安市华美环境化学有限公司向江苏淮河化工有限公司提供技术服务的名义，骗取江苏淮河化工有限公司财产人民币 41.63 万元。

胡爱军身为国家工作人员，利用职务上的便利，为他人谋取利益，非法收受他人财物，其行为已构成受贿罪。李强与胡爱军合谋，利用李强的职务便利，将公司财物非法占为己有，数额巨大，两人行为均已构成职务侵占罪。淮安市清浦区人民法院 2015

年 3 月 23 日以受贿罪、职务侵占罪判处胡爱军有期徒刑八年，没收财产人民币 10 万元；以职务侵占罪判处李强有期徒刑五年两个月，没收财产人民币 5 万元；没收胡爱军已退受贿所得人民币 60.03 万元上缴国库，尚未退出的受贿所得继续追缴；将李强所退赃款人民币 10 万元发还被害单位江苏淮河化工有限公司，尚未退还的赃款继续追缴。

江苏省淮安市环保局环境监察局原局长王桂先受贿案

王桂先，男，1962年11月出生，汉族，硕士研究生学历，1987年到淮安市环保局工作，2007年6月至2010年1月任环保局开发处处长，2010年1月至案发前担任淮安市环境监察局（支队）局长（支队长）。

2009年至2013年，王桂先在担任淮安市环保局开发处处长、淮安市环境监察局（支队）局长（支队长）期间，利用职务便利收受他人贿赂折合人民币45.451 325万元、6 000美元，并为他人谋取利益。

2009年春节至2013年10月，王桂先收受万香国际有限公司董事会主席李某贿赂折合人民币21.451 325万元、4 000美元，为其谋取利益：2011年8月至2013年10月，为李某所在的淮安万邦香料工业有限公司、江苏宏邦化工科技有限公司在排污督查、燃煤蒸汽锅炉建设和查处方面谋取利益，李某以给其女儿在公司安排工作为名，使该女实际不工作却获取薪酬共计 19.451 325 万元；2009 年春节至 2013 年中秋节，先后 10 次收受经李某同意并由江苏宏邦化工科技有限公司总经理送给的购物卡共 2 万元；2011 年 8 月下旬，收受上海万香日化有限公司董事长经李某同意而送给的 2 000 美元；2013 年 10 月，王桂先的女儿收受李某送给的 2 000 美元。

2011 年至 2013 年，王桂先利用职务便利为淮安市环境保护有限公司（淮安市环境工程设计有限公司）在承接工程等方面谋取利益，先后两次收受该公司董事长通过他人送给的现金共 24 万元。

2011 年夏天，王桂先利用职务便利收受淮安富晟表面处理有限公司总经理所送的 1 000 美元，并为该公司在技改项目审批等方面谋取利益。

2012 年夏天，收受江苏福斯特化工制造有限公司总经理所送的 1 000 美元，并为该公司在排污检查、技改项目审批等方面谋取利益。

江苏省淮安市中级人民法院 2014 年 5 月 30 日以受贿罪判处王桂先有期徒刑七年，并处没收个人财产人民币 15 万元；所得赃款人民币 45.451 325 万元、6 000 美元予以追缴，上缴国库。

案例点评

两个案例中的涉案人员一位是江苏省淮安市环保局下属辐射与固废管理办公室主任，另一位是环保局下属环境监察局局长，收受被监管企业的好处并利用手中权力为其牟利。连同前一例买官卖官案中张汝华（曾任淮安市环保局局长），均因受贿罪被追究刑事责任。

可见物以类聚，行贿受贿在当时的淮安市环保系统已然成风，就连开展正常的监管治理或者开展业务工作、选人用人工作，都要送些好处表示感谢。把组织和人民赋予的权力当作谋取私利的工具，并且上行下效，贪欲膨胀，同流合污。面对这样的局面，只能痛下决心，刮骨疗毒。

前车之鉴，后事之师。各级党委（党组）书记要敢于担当，知行合一，履行好全面从严治党主体责任，真管真严、敢管敢严、长管长严；各级纪委书记要善于监督执纪，守土尽责，对各种歪风邪气和腐败问题敢抓敢管、坚决抑制；各级党委、政府要贯彻落实党政部门权力清单制度，切实规范各部门和各级领导干部行使权力，把权力置于监督之下；各级各部门要将对干部的精心选拔任用，严格要求、严格教育、严格管理、严格监督贯穿于干部工作的全过程，着力打造作风优良、清正廉洁的高素质干部队伍。

浙江省政协人口资源环境委员会原副主任徐震受贿案

徐震，男，1956 年 8 月出生，汉族，研究生学历，原系浙江省政协人口资源环境委员会副主任。

2003 年至 2014 年，徐震在担任浙江省经济贸易委员会副主任、浙江省人民政府副秘书长、浙江省环保局局长、浙江省环保厅厅长期间，利用职务便利，为尚洋公司等单位和个人在工程承接、相关项目审批等事项上谋取利益，先后多次收受尚洋公司、移动浙江公司、新和成公司等单位和个人所送款物，合计价值 596.783 035 万元人民币和 2.9 万美元，其行为已构成受贿罪。具体事实如下：

2010 年至 2012 年，徐震利用担任浙江省环保厅厅长的职务便利，应高博技术与战略研究所（杭州）有限公司董事长李某要求，在浙江省饮用水源地水质自动监测系统项目招投标过程中为尚洋公司和移动浙江公司顺利承接项目谋取利益。2011 年 9 月至

2011 年 4 月，李某以“高博公司”名义分别收受上述两家公司所送人民币 150 万元、117.816 万元，并告知徐震，徐震予以认可。

2008 年至 2010 年，徐震利用担任浙江省环保局局长、省环保厅厅长的职务便利，为新和成公司在项目环评审批、排污指标等事项上谋取利益。2010 年 1 月，徐震以 4.6 元 / 股的价格向新和成公司原董事会秘书陈某低价购买四川雅化实业集团有限公司股份 25 万股（经评估该股份实际价值为 13.76 元 / 股），徐震从中收受人民币 229 万元。

2003 年至 2012 年，徐震利用职务便利，为原宁波摩托车厂等单位在工矿认证延期等事项上谋取利益，先后收受上述单位等款物合计价值 37.47 万元人民币和 1 万美元。

2006 年至 2009 年，徐震利用职务便利，为浙江科力尔环保设备有限公司在推广污水处理设备等事项上谋取利益，先后收受该公司总经理王某所送 1 万元人民币和 5 000 美元。

2009 年至 2012 年，徐震利用担任浙江省环保厅厅长的职务便利，为聚光科技（杭州）股份有限公司承接工程、公司总经理姚某当选浙江省环保产业协会会长等事项上谋取利益，多次收受姚某所送 20 万元人民币和 1 万美元。

2010 年至 2015 年，徐震利用担任浙江省环保厅厅长的职务便利，为升华集团控股有限公司在环保违法处理等事项上谋取利益，收受该公司总经理吴某所送款物合计价值 36.497 035 万元人民币和 4 000 美元。其中，2014 年 4 月，徐震要求吴某帮忙将 651.55 万元人民币兑换成美元汇至美国徐某账户，在此过程中，吴某贴入 23.968 2 万元人民币。徐某在收到 108 万美元后告知徐震，徐震予以认可。

2010 年至 2014 年，徐震利用担任浙江省环保厅厅长的职务便利，为金富春集团有限公司在固体废物进口许可审批事项上谋取利益，于 2010 年上半年收受该公司董事长周某人民币 5 万元。

2016 年 10 月 31 日，浙江省绍兴市中级人民法院以受贿罪判处徐震有期徒刑十年，并处罚金人民币 50 万元；扣押在绍兴市人民检察院的人民币 400 万元、瓷制粉彩花瓶 1 只、郁金香工笔画 1 幅、宝格丽手表 1 块、翡翠项链 1 条、佳能相机镜头 2 个、卡地亚手表 1 块，予以没收；其他违法所得继续追缴并予以没收。

案例点评

唐太宗有语云："以铜为镜，可以正衣冠；以史为镜，可以知兴替；以人为镜，可以明得失。"浙江省原环保局局长戴备军腐败案件殷鉴不远，他的继任者徐震又成了一个"前腐后继"的典型。显然徐震并没有以戴备军为鉴，明选择清廉与贪腐的得失。

在 2010 年浙江省环保系统防腐倡廉工作视频会议上，时任省环保厅厅长的徐震在讲话中还指出，要结合戴备军案件的查处，积极开展"廉政文化进机关"和反腐倡廉巡回宣讲活动。相信中央纪委驻环保部纪检组组织拍摄的以戴备军案件为素材的警示教育片《绿色警笛》，徐震应该看过。令人遗憾的是，发生在身边如此鲜活的案例并没有唤醒徐震的沉迷和堕落，直至 2014 年，他仍在顶风违纪。

作为一个单位的“一把手”，承担全面从严治党的主体责任，就应当从自身做起，发挥领导干部的表率作用，要求别人做到的，自己首先做到；而不是台上一套，台下一套，台上讲的话、提的要求，都指向别人，都约束下属，跟自己无关。

党员领导干部落实全面从严治党的政治责任，就应当比普通党员想得更多，做得更好，操更多心，尽更多责任。要先管好自己，在管好自己的前提下再管好下属，管好本单位所有的干部职工，只有这样全面从严治党才能真正落地生根。

浙江省衢州市环保局
原党组书记、局长江云珊贪污受贿案

江云珊，男，1954年9月出生，汉族，大专学历，中共党员，2001年9月至2011年7月任衢州市环保局党组书记、局长，案发前系衢州市环保局调研员。

一、受贿罪

2007年年初，郦某欲在杭州成立一家从事环保业务的公司，为开拓衢州市场并得到时任衢州市环保局局长江云珊的关照，郦某邀请江云珊之子合伙开办环保公司。在征得江云珊同意后，江云珊之子收下郦某所送的6万元并存入公司验资账户。2009年至2012年，公司按照各股东的出资比例进行分红，江云珊之子按占股20%分得55万元。

2006年和2007年春节，衢州市环保局原办公室主任姜某的丈夫周某，为使其在环保局工作的女婿得到江云珊的关照分别送给江云珊人民币 3 万元、2 万元。

2011 年春节前，徐某为获取江云珊在其竞聘衢州市环境监测中心站副站长过程中的帮助，送给江云珊 5 000 元。

二、贪污罪

2010 年 5 月，江云珊的儿子准备在衢州市东方大酒店举办婚宴。为提升婚宴档次江云珊同意增加一道龙虾菜，并将该笔费用 4.999 万元从衢州市环保局财务报销支付。

三、私分国有资产罪

2010 年至 2011 年，江云珊违反规定，授意单位财务人员通过虚构会议费、招待费、土特产费等名义从衢州市环保局账户、下属的衢州市环境监察支队账户及衢州市环境监测中心站账户上列支并套取款项 40.9 万元，用于购买东方购物卡，并以过节费名义发放给全体职工。江云珊分得 5 000 元。

2014 年 7 月 18 日，浙江省衢州市衢州区人民法院以受贿罪、贪污罪、私分国有资产罪判处江云珊有期徒刑十一年，并处罚金 5 000 元。追缴江云珊受贿款 11.5 万元及孳息 55 万元、贪污款 4.999 万元、私分的国有资产 5 000 元，上述款项从江云珊退出的 20 万元中予以追缴，由扣押单位上缴国库，不足部分继续追缴。

案例点评

习近平总书记多次在重要讲话中强调，党员领导干部家风要正，要管好身边人。有的领导干部心存侥幸，以为家人收受好处就能使受贿行为更加隐蔽；有的领导干部因为子女的学习、工作、生活等理由，就放松了对原则的坚持，一步步走上歧途；还有的领导干部，因为忽视了对身边人的严格要求，被家人的贪婪将自己拖入深渊。本案就是通过子女行贿的一个典型案例。根据《中华人民共和国刑法修正案（七）》第十三条，国家工作人员的近亲属以及其他与其关系密切的人，利用国家工作人员职权或者地位形成的便利条件受贿，司法机关将使用利用影响力受贿罪定罪处罚。希望广大领导干部引以为戒，不要因一时糊涂害了自己的家人。

浙江省衢州市环境监测站原站长包华贪污受贿案

包华，1997 年 1 月任衢州市环境监测（中心）站副站长，2001 年 7 月任副站长并主持工作，2007 年 4 月任站长，2012 年 5 月任衢州市固体废物监督管理中心主任。

一、受贿罪

2004 年至 2013 年，包华利用负责环境监测设备采购、环境评估、在线监测、材料装订等职务便利，单独或伙同孟庆环收受或索取他人财物，为他人谋取利益，数额共计 19.78 万元。

例如，2004 年至 2012 年，包华伙同孟庆环先后 5 次共同收受原杭州赛因科学仪器有限公司销售员、杭州尔力科学仪器有限公司总经理周某送予的现金共计 12.5 万元（2004 年夏平分 1 万元、2004 年下半年平分 2 万元、2007 年上半年平分 2 万元、2010 年下半年平分 3.5 万元、2012 年 9 月平分 4 万元），并于 2010 年单独收受周某送予的现金 5 000 元。

2004 年，收受原浙江中诺招标代理有限公司业务经理曹某送予的现金 4 000 元，后与孟庆环平分。

2012 年 4 月至 11 月，包华将自己个人消费发票交给浙江省冶金环境保护设计研究有限公司衢州办事处负责人袁某，收受袁某给予的现金共计 1.7 万元。

2006 年至 2013 年，收受衢州伟荣药化有限公司副总经理徐某送予的现金共计 1.7 万元；2011 年，将 3 000 元个人消费发票交给徐某并收取了现金。

二、贪污罪

2005 年年底至 2006 年年初，包华在担任衢州市环境监测站副站长（主持工作）期间，利用职务上主管、经手单位财物的便利，伙同孟庆环和徐斌采用虚增销售合同发票的方式骗取单位公款 2 万元，非法占为己有，包华个人分得 8 000 元。2010 年、2011 年包华利用其主管、经手采购单位土特产的职务便利，采用虚增销售发票金额的方式骗取单位公款 5 000 元。

2013 年 11 月 1 日，浙江省衢州市柯城区人民法院以受贿罪、贪污罪判处包华执行有期徒刑十年。扣押在案的违法所得 14.5 万元予以没收，上缴国库。

浙江省衢州市环境监测中心站原工作人员孟庆环贪污受贿案

孟庆环，男，1960 年 4 月出生，汉族，中专学历，浙江省衢州市环境监测中心站工作人员。

一、受贿罪

2004 年至 2013 年，孟庆环利用其在衢州市环境监测（中心）站设备采购、基建、招投标等工作中的职务便利，单独或伙同包华收受他人财物共计 18.61 万元，并为他人谋取利益，其行为构成受贿罪。

2004 年至 2013 年，孟庆环先后 10 次伙同包华或单独收受原杭州赛因科学仪器有限公司销售员、杭州尔力科学仪器有限公司总经理周某送予的现金共计 15.01 万元及佳能单反相机一部（鉴定价值 7 100 元）。

2004 年，孟庆环收受原浙江中诺招标代理有限公司业务经理曹某送予的购物卡两张价值共1 000元，并与包华平分了曹某送予的现金4 000元。

2011年至2013年，孟庆环先后收受浙江万事通科技有限公司总经理王某送予的现金共计1.89万元。

2013年春节，孟庆环收受衢州欧思仪仪器有限公司总经理翁某购物卡5张价值共计5 000元。

二、贪污罪

2005年年底至2006年年初，经孟庆环与包华、徐斌共谋，由孟庆环采用伪造虚假合同方式骗取单位公款2万元，三人非法占为已有，孟庆环分得6 000元。

2014年1月28日，浙江省衢州市柯城区人民法院以受贿罪、贪污罪判处孟庆环有期徒刑十年；扣押在案的违法所得5万元、佳能牌数码相机一部予以没收，上缴国库，不足部分继续追缴。

案例点评

被告人包华、孟庆环，一个是单位“一把手”，职务上主管、经手财物；另一个是负责采购的工作人员。因有职务便利、采购工作本身就为高廉政风险岗位，两人一拍即合，形成了一条“有效”的贪污、受贿利益链。十年时间里，两个人为了能得到一些“好处”，可谓是花样尽出。从收受现金、购物卡，到伪造合同套取公款，从被动接受到主动索要，这对利欲熏心的上下级，就这样走上了不归路。

单位财物相关的高廉政风险岗位，对党员领导干部诱惑更大，在金钱的诱惑面前，法律意识被淡化，侥幸心理便占据上风。就在这一念之间。他们相信自己能蒙混过关，殊不知已走上了犯罪的道路。

此案再次凸显了监督管理不力，制度建设薄弱造成的严重后果。在采购工作实施过程中，完全没有看到相应的监督和制约手段发挥作用的痕迹。因此，要完善制度，严格管理，加强监督，将权力关进制度的笼子里。

浙江省绍兴市上虞区环保局章镇环保所原副所长胡益平受贿案

胡益平，男，1979年11月出生，汉族，大学本科学历，中共党员，曾任浙江省绍兴市上虞区环保局杭州湾上虞经济技术开发区环保分局副局长，案发前系绍兴市上虞区环保局章镇环保所副所长。

2011年至2015年，胡益平利用担任绍兴市上虞区环保局杭州湾上虞经济技术开发区环保分局工作人员、副局长的职务之便，在期间介绍监管辖区内企业的煤炭、草铵膦生意等事项上，为个体经商人员宋某、杜某等人谋取利益，先后多次非法收受上述人员所送人民币共计119.883万元，其行为已构成受贿罪。具体事实如下：

胡益平利用担任杭州湾上虞经济开发区环保分局工作人员的职务便利，为个体经商人员宋某与监管辖区内的浙江百得利制革有限公司进行煤炭生意提供帮助，于2011年年底、2012年年底两次非法收受宋某所送现金各2万元，合计人民币4万元。

2012年至2013年，胡益平利用担任杭州湾上虞经济技术开发区环保分局副局长的职务便利，为上虞正清净水材料有限公司总经理汪某给辖区内的永农生物科学有限公司违规处理废酸等方面提供帮助，于2013年6月至7月非法收受汪某所送人民币15万元。2014年，胡益平将此款退回。

2012年至2014年，胡益平利用职务便利，指使正清净水材料有限公司总经理汪某等人为金华市升阳资源再利用有限公司向辖区内浙江嘉利珂钴镍材料有限公司、新时代集团浙江新能源材料有限公司购买镍渣等事项中提供帮助，并从中赚取交易差价，先后非法收受升阳资源再利用有限公司执行董事徐某所送人民币15万元、12.683万元，合计人民币27.683万元。

2013年至2014年，胡益平利用职务便利，为池州西恩新材料科技有限公司在向监管辖区企业嘉利珂钴镍材料有限公司、新时代集团浙江新能源材料有限公司、浙江金茂橡胶助剂品有限公司等购买镍渣、铜泥等事项上提供帮助，先后非法收受西恩新材料科技有限公司副总经理朱某所送人民币36万元、8万元、25万元，合计人民币69万元。

2014年至2015年，胡益平利用职务便利，为杜某向辖区内的永农生物科学有限公司采购草铵膦等事项上提供帮助，先后两次非法收受杜某所送现金2.2万元、2万元，合计人民币4.2万元。

2016年7月22日，浙江省绍兴市上虞区人民法院以受贿罪判处胡益平有期徒刑四年，并处罚金人民币50万元；胡益平的违法所得人民币104.883万元，扣除已退缴和冻结资金共32.153 99万元，其余继续予以追缴，上缴国库。

案例点评

官商勾结，权钱交易，也有虚伪的半推半就。胡益平受贿案剧情几乎与一般的受贿案如出一辙，了无悬念。但有一点引人瞩目，就是他坠落的速度有点快。

从公开的信息渠道了解到，胡益平于2009年参加了浙江环保厅的公务员招考并入选，直到案发，一直在浙江环保系统工作。根据法院的判决，他在不到两年的时间就开始“拿人钱财，忠人之事”了。受贿的金额随他岗位重要性增加，从最初的2万元开始，3年后，当他走上上虞经济技术开发区环保分局副局长的位置后，身价陡增，不到两个月的时间里收受一企业主15万元。第一次面对如此大额的贿赂，也许是做人良心未泯、也许作为一名基层党员领导干部党性尚存，经过不为人知的内心斗争，选择了在次年将所收款退回。但这没有遏止他腐化堕落的势头，反而变本加厉。至案发时，非法收受企业主、个体工商户所送人民币共119.883万元。

在我国现阶段，越是经济发达的地区，环境污染问题越突出。排污及相关企业为追求自身经济利润，罔顾应承担的社会责任，不择手段追求利益最大化，围猎公职人员。胡益平是被成功围猎者，在他伏法后感叹围猎猛于虎的同时，应该更多地从自身查找原因，同样的工作环境，为什么偏偏选择围猎他？偏偏是他中套倒下？是什么原因让一名加入环保干部队伍时间很短的干部，如此快地堕落成腐败分子？这是胡益平受贿案给我们带来的一个值得思考的问题。

浙江省嘉兴市环保局经济技术开发区分局原副局长傅俊武受贿案

傅俊武，案发前系浙江省嘉兴市环境监察支队副支队长、嘉兴市环保局经济技术开发区（国际商务区）环保分局副局长兼监察大队大队长。

2005年至2015年，傅俊武利用职务便利为他人谋取利益，非法收受他人贿赂，共计折合人民币119.31万余元，其行为已构成受贿罪。

例如，2011年至2013年，傅俊武利用职务便利，为嘉兴市环科环境工程有限公司在承接相关污染企业废水、废气整治工程等方面予以关照，5次收受该公司法定代表人金某所送贿赂，共计折合人民币64.3万元。

2011年至2014年，傅俊武利用职务便利，为嘉兴市汇通管道工程有限公司、嘉兴城通管道工程有限公司在承接相关污染企业雨污管道改造工程等方面予以关照，4次收受该公司股东、法定代表人李某所送贿赂，共计折合人民币 17 万余元。

2014 年，傅俊武利用职务便利，为昆山水立净环保节能科技有限公司在承接晓星氨纶（嘉兴）有限公司废水处理工程等方面予以关照，收受该公司法定代表人林某人民币 15.05 万元。

2012 年至 2014 年，傅俊武利用职务便利，为嘉兴市海纳环境工程有限公司在承接环保工程、环评业务等方面予以关照，7 次收受该公司股东袁某所送贿赂，共计折合人民币 6.15 万元。

2011 年至 2014 年，傅俊武利用职务便利，为浙江金鹰染整有限公司在环保检查等方面予以关照，多次收受该公司总经理陈某所送贿赂，共计折合人民币 2.3 万元。

2014 年年底，傅俊武利用职务便利，为嘉兴天众节能环保科技有限公司在承接相关污染企业清洁生产审核咨询业务等方面予以关照，收受该公司股东吴某所送人民币 1.2 万元。

2016 年 7 月 1 日，浙江省嘉兴市秀洲区人民法院以受贿罪判处傅俊武有期徒刑六年六个月，并处罚金 80 万元；扣押在案的贿赂款 119.31 万元予以没收。

案例点评

2010 年 1 月 28 日《中国环境报》曾经以《凭风巧借力和风当劲吹》报道了嘉兴市环境监察支队的先进事迹。傅俊武代表该队在这篇报道中出镜，这篇报道给他个人带来荣誉，提高了社会知名度。嘉兴市环境监察支队自 2005 年起被浙江省环保厅连年评为最佳支队，他们在环境监察工作中创新工作方式，采取日夜错时检查、节假日暗访、日常巡查、举报调查、蹲点细查等多种多样的形式，督促企业警钟长鸣、自觉守法。在他们眼里，环境违法行为是对全社会的犯罪，也是对他们职责的挑战。经过他们的努力，当地企业故意违法排污的行为基本消除，如果被逮到，那就 “零容忍”，予以重罚。通过这篇报道，展现给我们的是傅俊武和他同事的高度职业荣誉感、疾恶如仇的环境卫士形象。但此后的贪贿行为，为他的职业操守盖棺定论。反观傅俊武堕落轨迹，恰恰是这篇报道后，从 2011 年起，傅俊武多次收取个别企业的好处，最多的一家收了 7 次，另一家企业收了 5 次，累计金额 64 万元。选择性执法，最终沦为监察对象的利益代理人。

环境保护工作地位尤其重要，环境监察承担治污处罚重任，本来是环境保护这把尖刀锋利的刃，这个比方不过分。傅俊武也曾经执法似重锤，疾恶如仇。但最终还是在利益诱惑面前败下阵来，最终没有摆脱“看得破、忍不过”俗套，沦为阶下囚，失去了一个共产党员应有的节操。身为环保人，在激浊扬清，涤荡瑕秽的同时，要始终牢记不忘初心，执政为民，洁身自好是一生的修行。

浙江省嘉兴市南湖区环保局原局长黄良荣受贿案

黄良荣，男，1966年6月出生，汉族，中共党员，大学本科学历，原浙江省嘉兴市南湖区环保局局长。

2010 年 1 月至 2015 年 4 月，黄良荣利用职务便利为他人谋取利益，收受相关人员贿赂共计 86.82 万元人民币及 800 美元，其行为已构成受贿罪。

其中， 2014 年 11 月，黄良荣因与他人保持不正当两性关系被人敲诈勒索，唐某得知后，考虑到其公司在南湖区环保局监管之下，为了在以后技改项目的审批、验收、环境执法检查及行政处罚中能够得到黄良荣的帮助，便提出让自己出面为黄良荣处理此事。唐某经与敲诈方协商拿出 80 万元了结了此事。

2016 年 7 月 29 日，浙江省嘉兴市南湖区人民法院以受贿罪判处黄良荣有期徒刑五年，并处罚金 70 万元；受贿款 86.831 68 万元予以没收。

案例点评

黄良荣身为国家机关工作人员，利用职务之便为他人谋取利益，收受他人财物，其行为已构成受贿罪。黄良荣作为党员领导干部，同时还违反生活纪律和国家法律法规，且在党的十八大后仍不收敛、不收手，情节严重，被给予开除党籍、行政开除处分。黄良荣案件警示我们，作为党员领导干部，必须始终心存敬畏，敬畏权力、敬畏纪律、敬畏规矩，不断增强纪律定力、道德定力、抵腐定力，始终不放纵、不越轨、不逾矩，始终正确行使党和人民赋予的权力，只有这样才能确保人生航程不偏离安全轨道。否则，必然是自毁操守和名节，走向党和人民对立面。

浙江省嘉兴市秀洲区环境监察大队原副大队长潘永辉受贿案

潘永辉，原系浙江省嘉兴市秀洲区环境监察大队副大队长。

2007年至2015年，潘永辉利用先后担任嘉兴市秀洲区环境监察大队工作人员、大队长助理、副大队长的职务便利，向多名受监管企业负责人索取贿赂，共计42万元；伙同沈某为他人谋利，收受章某所送贿赂共计83.72万元；收受5人所送代价券共计1.3万元。潘永辉实际收受约73.3万元，尚有11万余元未实际收取，其行为已构成受贿罪。

例如，2012年至2014年，潘永辉以借款为名4次向嘉兴市金宇达染整有限公司法定代表人沈某索要现金22万元。

2012年上半年，潘永辉以借款为名向嘉兴市秀城区纺织浆料厂法定代表人江某索要现金3万元。

2010年至2011年，潘永辉以借款为名向嘉兴市华盛电气喷涂有限公司、浙江力弘铝业有限公司法定代表人蔡某索要现金3

万元。

2011下半年至2015年，潘永辉伙同沈某接受章某的请托，为章某向辖区内的排污企业推销污水处理药剂。为表示感谢，章某通过银行转账等方式向两人支付好处费共计83.72万元。其中，潘永辉个人应得41.86万元，实际通过银行转账、现金支付等方式陆续收受约30万元，尚有11万余元留存在章某处。

2007年至2014年，潘永辉先后收受5名相关企业负责人所送代价券，共计价值1.3万元（收受嘉兴市荣耀针织漂染有限公司法定代表人黄某代价券4 000元、嘉兴市金宇达染整有限公司法定代表人沈某代价券3 000元、嘉兴市天伦纳米染整有限公司生产厂长钱某代价券3 000元、嘉兴富胜达染整有限公司总经理张某甲代价券2 000元、嘉兴市腾旺染整有限公司张某乙所送代价券1 000元）。

2016年7月5日，浙江省嘉兴市秀洲区人民法院以受贿罪判处潘永辉有期徒刑六年，并处罚金60万元；扣押在案的贿赂款予以没收，上缴国库；对尚未追缴到案的贿赂款继续追缴，上缴国库。

案例点评

嘉兴市秀洲区环境监察大队负责秀洲区环境保护监督、检查、排污费征收、调查处理环境污染事故等工作。潘永辉身为环境监察大队一名领导干部，理想信念滑坡，世界观、人生观、价值观这个“总开关”出了问题，将手中的公权力当成自己敛财的工具。

他掌握着企业生存发展的大权，利用职务便利和威慑，多次向监管企业负责人索取现金，明目张胆索取贿赂，严重损害了党员领导干部特别是环保部门领导干部的形象，在人民群众和环保企业中造成极坏影响，自己也锒铛入狱。当官发财两条道，从来不可兼得。这正像陈毅元帅告诫我们的：“莫伸手，伸手必被捉！”

浙江省嘉兴市秀洲区环境监察大队原副大队长沈忠强受贿案

沈忠强，浙江省嘉兴市秀洲区环境监察大队副大队长。

2011 年至 2015 年，沈忠强利用先后担任嘉兴市秀洲区环境监察大队工作人员、副大队长的职务便利，为他人谋取利益，并非法索取收受他人财物共计价值约 102.02 万元，个人实得 60.16 万元，其行为已构成受贿罪。

例如，2011 年 6 月，沈忠强以借款为名向嘉兴市中王电镀有限公司法定代表人王某索要 3 万元。

2011 年至 2015 年，沈忠强伙同潘某接受章某请托，为章某向辖区内的排污企业推销污水处理药剂。为表示感谢，章某通过银行转账等方式向两人支付好处费，共计 83.72 万元。其中，沈忠强收受 41.86 万元；潘某收受 30 万余元，尚有 11 万余元存放于章某处随时支取。

2011 年至 2013 年，沈忠强多次收受嘉兴市红卫中佳表面处理有限公司法定代表人陈某所送款物，共计价值约 1.4 万元 。

2013 年至 2014 年，沈忠强为嘉兴市秀清环境技术有限公司在承接环境工程事宜上谋取利益，多次收受该公司法定代表人褚某、工作人员徐某所送款物，共计价值 10.3 万元。

2011 年至 2014 年，沈忠强多次收受相关企业负责人所送代价券等，共计价值约 3.6 万元。

2016 年 7 月 5 日，浙江省嘉兴市秀洲区人民法院以受贿罪判处沈忠强有期徒刑六年，并处罚金 55 万元；贿赂款 60.16 万元予以追缴，上缴国库。

浙江省嘉兴市港区环保局原局长谢永华受贿案

谢永华，中共党员，原系浙江省嘉兴市港区环保局局长，曾任嘉兴港区环保局副局长、嘉兴港区规划建设局（环境保护局）环境管理科科长。

2003 年 7 月至案发前，谢永华利用职务便利，为他人谋取利益，非法收受他人财物，共计价值人民币 79.314 9 万元，其行为已构成受贿罪。

例如，2004 年、2007 年、2011 年，分 3 次收受嘉兴市港区大洋辅料有限公司胡某现金共计 2.5 万元。

2004 年至 2014 年，收受嘉兴市沃辉环境工程有限公司孙某价值 1 万元的购物卡、分 3 次收受现金 3.4 万元，由孙某代为支付嫖娼款 2 万元，共计价值 6.4 万元。

2011 年至 2014 年，收受平湖市然通贸易有限公司干某现金 1.2 万元、收受因介绍承接粉煤灰生意好处费 14 万元、赌博资金

2 万元，共计 17.2 万元。

2012 年至 2014 年，收受浙江凯普化工有限公司梁某苹果笔记本电脑一台（价值 7 000 元）、苹果 5 手机一部（价值 4 000 元）、苹果平板电脑 mini 2 一台（价值 2 200 元）、超市卡（价值 3 000 元），共计价值 1.62 万元。

2009 年至 2014 年，收受浙江商达环保有限公司平湖办事处丁某超市卡（价值 7 000 元）、加油卡（价值 5 000 元）、福特蒙迪欧汽车一辆（价值 6.9 万元），以转卖楼房为名收受现金 5 万元、以旅游为名收受现金 4 000 余元，共计价值 13.5 万余元。

2016 年 5 月 24 日，浙江省平湖市人民法院以受贿罪判处谢永华有期徒刑六年四个月，并处罚金 65 万元；扣押在案的苹果电脑一台、农业银行投资金条一根、欧米茄手表一块、苹果 5 手机一部、福特蒙迪欧汽车一辆，苹果 mini 2 一台、苹果 4 手机一部，依法予以没收，上缴国库；继续追缴违法所得 64 万元。

案例点评

纵观查明的沈忠强、谢永华利用职务便利非法索取收受他人财物的问题，发生时间从 2011 年至 2015 年，应该说多数问题是在党的十八大以后发生的。党的十八大以来，中央一再严明包括廉洁纪律在内的各项纪律要求，惩治腐败的力度非常之大，沈忠强、谢永华对中央要求和反腐形势不可能不知晓，但是依然故我不收敛不收手，索受贿赂次数多、数额大、手段多样，这说明什么问题？这说明“装睡的人是叫不醒的”。任何一个党员干部，须知越往后执纪越严，不要有不撞南墙不回头的“气概”，真正撞上南墙就悔之晚矣！要把思想统一到党中央的要求上来，知止知戒，收敛收手，令行禁止，这既是对组织负责，也是对家庭和自己负责。

浙江省金华市环保局婺城分局原局长贾善龙受贿案

贾善龙，2005 年 11 月至 2008 年 3 月任浙江省金华市环保局党组成员兼婺城分局局长，2008 年 3 月至 2012 年 9 月任婺城分局局长，2008 年 4 月至 2014 年 10 月（退休）兼任金华市环保局副调研员。

贾善龙在担任金华市环保局婺城分局局长及金华市环保局副调研员期间，利用职务便利，非法收受相关公司企业负责人所送财物价值共计人民币 37.81 万元，并为他人谋取利益，其行为已构成受贿罪。

例如，2007 年至案发前，浙江圣力邦漆业有限公司负责人徐某为感谢贾善龙对其公司在办理环境影响评价、排污许可、申请政府环保补助金及日常监督检查等方面的帮助和关照，先后送给贾善龙共计价值人民币 14.31 万元的财物。2009 年，徐某建设新厂，在贾善龙的帮助下顺利办理了相关手续，之后其公司在贾善龙关照下也未因环保问题被查处过。2012 年 9 月，贾善龙为该公司争取了 5 万元环保补助款。

2011 年，郑某注册了浙江金祥板业有限公司。为感谢贾善龙对其公司在办理环境影响评价手续、环保设施建设和验收等方面的帮助和关照，郑某于 2013 年年底以顾问费名义送给贾善龙现金人民币 6 万元。

2013 年年底，浙江远征安防有限公司徐某为感谢贾善龙对其公司在办理环境影响评价手续、环保设施建设和验收等方面的帮助和关照，以顾问费名义送给贾善龙现金人民币 5 万元。

2010 年至 2014 年，浙江耐司康药业有限公司副总经理范某为感谢贾善龙对其公司在环保方面的帮助和关照，先后送给贾善龙共计价值人民币 2.8 万元的财物。

2010 年至 2013 年，王某为感谢贾善龙对其经营的浙江远大铝业有限公司在办理环境影响评价手续、环保设施验收、申领排污证等方面的帮助和关照，先后送给贾善龙共计价值人民币 0.9 万元的财物。

2010 年至 2014 年，章某为感谢贾善龙对其经营的金华市华丽工艺塑料包装厂在办理环境影响评价手续、环保设施验收、申领排污证及日常监督检查等方面的帮助和关照，先后送给贾善龙共计价值人民币 1.2 万元的财物。

2015 年 6 月 9 日，金华市婺城区人民法院以受贿罪判处贾善龙有期徒刑七年；非法所得予以追缴，上缴国库。

案例点评

贾善龙在担任金华市环保局婺城分局局长期间，也曾说过“战战兢兢，如履薄冰”这样的话，以形容他对婺城区环保工作的忧虑。当时婺城区内工业、农业等领域污染物排放量较大，特别是化工、造纸、水泥等污染行业，加上农业规模养殖量大面广，由此带来的行业性、区域性、流域性污染的问题仍较突出，生态环境保护形势不容乐观。贾善龙在担任分局局长期间，曾大力倡导生态文明建设，也曾在污染防治领域做过一些有益工作，加大环保监督与执法力度，在全省率先推出“校企环境教育共建”，希望借此把环保教育延伸到每一个家庭、社会的每一个角落。

但是在担任“一把手”后，贾善龙没有始终树立正确的权力观，没有能够抵挡住金钱的诱惑，私欲不断膨胀，将自己手中的权力用作与他人进行权钱交易的工具，走上了违法犯罪的道路，从一名污染治理的“好同志”变成了贪污受贿的“阶下囚”，教训极其深刻。

福建省厦门市环保局海沧分局原局长陈清江受贿案

陈清江，男，1956 年 10 月出生，汉族，大学本科学历，2005 年 10 月至案发前任福建省厦门市环保局海沧分局局长。

2007 年至 2013 年，陈清江利用其担任厦门市环保局海沧分局局长，负责工业企业建设项目“三同时”制度的监督管理、环境监理等全局性工作的职务便利，在生产监管、电镀生产线审批等事项上为他人谋取利益，非法收受他人贿赂共计人民币 162 万元、2 万美元。

例如，2007 年到 2013 年，陈清江先后收受鹏威（厦门）工业有限公司总经理刘某送予的贿赂款共计 41 万元人民币，在生产监管、电镀生产自动化的升级改造、重金属污染减排整治等方面给予鹏威（厦门）工业有限公司关照。

2008 年，陈清江收受厦门市宇洲环保科技有限公司董事长薛某给予的贿赂款人民币 20 万元，在环保工程项目验收等方面提供帮助。

2008 年年初、2011 年 5 月，陈清江两次收受德彦纸业（厦门）有限公司贿赂款人民币 6 万元、5 万元，共计人民币 11 万元；2012 年至 2013 年 5 月，先后 7 次收受该公司副总经理李某给予的贿赂款共计人民币 7 万元；2012 年春节后，收受该公司董事长陈某给予的贿赂款人民币 2 万元。在锅炉改造及申请节能减排奖励资金等方面，给予德彦纸业（厦门）有限公司关照和帮助。

2011 年到 2013 年，陈清江利用职务便利，在厦门盛煌环保产业有限公司的固体废物收集、运输、储存及日常监管等方面给予长期关照和帮助，先后收受该公司总经理、实际出资人黄某给予的贿赂款共计人民币 14 万元。

2010 年，陈清江收受厦门溢成投资有限公司实际出资人颜某通过他人给予的贿赂款人民币 6 万元，利用职务便利为其在厂房竣工环保验收环节提供帮助。

陈清江身为国家工作人员，利用职务上的便利为他人谋取利益，非法收受他人钱款共计折合人民币 174.601 8 万元，其行为已构成受贿罪。2014 年 6 月 20 日，福建省厦门市中级人民法院以受贿罪判处陈清江有期徒刑十一年六个月，并处没收个人财产人民币 15 万元；没收陈清江的受贿犯罪所得人民币 159.601 8 万元；陈清江已退还行贿人薛某的人民币 10 万元、已退还行贿人陈某的人民币 5 万元，予以追缴。

案例点评

当官发财两条道，当官就不要发财，发财就不要当官。党员领导干部必须清醒地认识到，个人手中的权力是党和人民赋予的，绝不能像商品一样进行交换，也不能将其作为谋取个人私利的工具，否则将会被权力“反噬”，最终坠入罪恶深渊。厦门市环保局海沧分局原局长陈清江，一个有着多年党龄的老党员，本应意志品质坚定，但他却背叛了入党时的铮铮誓言，败坏了党员的忠诚品质。从2007年到2013年，非法收受他人贿赂共计人民币162万元、2万美元。2009年、2013年，纪委调查环保系统经济问题，陈清江害怕被查处，曾7次退还了68万元贿赂款。但风声过后，请托人把钱再次送予他时，他又一一笑纳，不收敛不收手，没有把握住组织给予的机会。

从陈清江严重违纪违法的历程看，他也曾有过犹豫和忐忑，但还是心存侥幸，觉得是“可靠”的人直接给的，认为“天知地知你知我知”，别人发现不了，最终还是被查处，咎由自取。一步很短，一生很长，有时一步走不好就毁掉一生。党员领导干部一定要心中有杆秤，手中有戒尺，严格自律，慎言、慎行、慎初、慎独、慎微、慎友，守住底线，过好人情关、名利关，保持纪律的刚性约束力，真正做到一身正气、两袖清风，堂堂正正做人、干干净净做事。

福建省厦门市环保局原副局长陈宗团受贿案

陈宗团，男，1961 年 10 月出生，汉族，博士，2001 年 9 月至案发前担任厦门市环境保护局副局长。

2005 年年底至 2013 年，陈宗团利用担任厦门市环保局副局长的职务便利，为他人谋取利益，先后非法收受 9 人贿赂折合人民币共计 216.821 79 万元。

其中，2005 年至 2013 年，陈宗团为绿洲公司在项目审批、环境影响评估审批、危险废物转移审批、评选家电以旧换新拆解处理单位、生产事项审批、日常监管及有关补助资金的取得等方面提供帮助，先后收受该公司总经理纪某、董事长黄某送予的财物折合人民币共计 128.646 81 万元。

陈宗团身为国家工作人员，利用职务便利，为他人谋取利益，非法收受巨额财物，其行为已构成受贿罪。福建省厦门市中级人民法院 2014 年 5 月 29 日以受贿罪判处陈宗团有期徒刑十二年，并处没收个人财产人民币 20 万元。

案例点评

博士，发表多篇论文，大家眼中的专家型官员……这是福建省厦门市环境保护局原副局长陈宗团给人们留下的印象。然而，高学历并不意味着对腐败具有较强的免疫力。在担任厦门市环保局副局长后，他多次收受他人贿送的现金、购物卡、照相器材、黄金等，折合人民币共计 216.821 79 万元。

“贪婪可以撕裂信仰的肌肉，麻痹感知的悟性。它怀疑未来的前景，而只看眼前的实惠。”陈宗团的沉沦从根源上说毁于一个“贪”字，没有控制住自己的贪欲。贪欲就像潘多拉的魔盒，一旦打开就再难关上。面对被监管企业贿赂送的金钱、相机、黄金，陈宗团不设防线，欣然笑纳。“高飞之鸟，亡于贪食，深潭之鱼，死于香饵；良田万顷，日食一升，广厦万间，夜卧八尺。”领导干部要防止私欲膨胀，就必须经常为自己的行为设限，持身以正，不要到身陷囹圄时才醒悟，贪得无厌必将回到一无所有。

福建省龙岩市环保局原副局长邱殷毅受贿、贪污案

邱殷毅，男，1966年1月出生，汉族，大学本科学历，自1994年4月起历任龙岩市新罗区环保局局长、龙岩市环保局副局长，期间兼任龙岩市医疗废物集中处置中心筹建办公室主任。

1996年至2013年8月，邱殷毅在担任龙岩市新罗区环保局局长、龙岩市环保局副局长期间，利用职务便利为环保项目承建企业、环保设备供应企业、环保被监管企业谋取利益，非法收受50余人所送财物，共计折合人民币112.198 7万元。邱殷毅利用职务便利，单独或伙同他人，侵吞公款共计人民币5.459 5万元，其中个人贪污4.32万元。其行为已构成受贿罪、贪污罪。

一、受贿罪

2005年至2006年，邱殷毅利用职务便利，接受厦门绿洲环保产业股份有限公司总经理纪某请托，为该公司在招投标龙岩市

医废中心项目过程中提供关照，先后3次收受纪某现金共计18万元。

2003年年底和2010年7月，邱殷毅利用职务便利，先后两次收受厦门奥林特环保科技有限公司董事长郑某为感谢其在公司供应自动空气质量监测设备方面的关照而赠送的现金共计13万元。

2010年年底，邱殷毅利用职务便利，收受福建汇龙矿业有限公司上寨煤矿矿长黄某在办理煤矿环评确认审批手续过程中，为取得其关照而赠送的现金10万元。

2011年至2013年，邱殷毅利用职务便利，先后3次收受龙岩金时裕电子有限公司总经理肖某在办理公司环评审批和环保验收审批手续过程中，为取得其关照而赠送的财物，共计现金9万元和一块价值港币0.87万元的浪琴手表。

二、贪污罪

2004年5月，龙岩市环保局成立医废中心筹建办，邱殷毅兼任筹建办主任，龙岩市环保局工作人员李某借调到筹建办工作。2009年12月医废中心筹建完毕，筹建办机构自行解除。2012年11月，银行通知要求注销筹建办的对公账户，李某将账户余额74 420.18元取出并销户。扣除用于支付公务开支款后，筹建办仍有5.459 5万元的公款结余，邱殷毅遂单独或伙同李某采取虚开发票、将个人开支发票用于报销的方式予以侵吞，邱殷毅个人从中分得4.32万元。

2014年6月13日，福建省龙岩市中级人民法院以受贿罪、贪污罪，判处邱殷毅有期徒刑十三年三个月，决定执行有期徒刑十一年六个月，并处没收个人财产人民币16万元；已追缴的赃款赃物共计折合人民币116.518 7万元，予以没收，上缴国库。

案例点评

邱殷毅30岁不到就担任基层环保局一把手，可谓年轻有为，充分体现了组织对其的信任，他本应珍惜荣誉和机会，在自己的岗位上兢兢业业，履职尽责，为辖区环境质量改善和生态环境保护尽心尽力，不辜负组织的信任和重托，不辜负辖区人民群众的期盼。但他不能正确对待手中的权力，将其异化为谋取个人利益的工具，为环保企业、监管对象在环评审批、环保监测设备采购、招投标、监察执法等方面谋取利益，大肆收受钱财，且违纪时间长，持续17年之久，涉及人数众多，达50余人。从邱殷毅身上不难看出，党员干部如果在小事小节上失守，离摔跟头、犯错误就不远了。党员领导干部“破法”无不始于“破纪”，无视底线和规矩，沉浸其中而浑然不觉，无异于温水煮青蛙。他在诱惑面前选错了方向，突破了底线，在违纪违法的路上越走越远。“公款姓公”的道理再浅显不过，但利令智昏，欲壑难填，他把手伸向公家口袋，用虚假发票冲抵，贪污公款。邱殷毅的例子告诉我们，一旦防线失守，选择错误，必定要付出沉重代价。不少党员领导干部，曾经工作能力突出，深受组织和群众的信任，最终却走上了贪腐的道路，断送了自己的大好前程，给个人和家庭带来了无尽的痛苦，究其原因，还在于理想信念崩塌，个人欲望膨胀，不把党纪国法放在眼里，僭越了纪律和规矩的底线，就会步步下滑，难以自拔，直至坠入深渊，万劫不复。把纪律和规矩挺在前面，就得从小处入手、从小事抓起，抓早抓小，动辄则咎，严明纪律才是爱护干部。小处不严，大处失守，不仅违纪干部悔矣，组织也痛矣。

江西省九江市环保局
原局长、党组副书记黄先才受贿案

黄先才，男，1968年4月出生，汉族，硕士研究生，1989年7月参加工作，1993年10月加入中国共产党。历任共青团江西省九江市委书记，彭泽县委副书记、纪委书记，九江市庐山区委副书记；2011年11月至案发前任九江市环保局局长、党组副书记。

2005年至2014年，黄先才利用职务便利，为他人谋取利益，索取和非法收受他人财物共计人民币48.9万元及购物卡9 000元，其行为已构成受贿罪。

黄先才利用职务之便，为他人公司在项目用地、环评验收、消防验收、试生产审批、排污处罚等方面提供帮助和关照，索取或收受柳某等8人财物，共计人民币36.2万元、购物卡9 000元。

黄先才在干部提拔任用、对下属单位工作支持等方面为他人提供关照，收受祝某等13人贿赂，共计人民币12.7万元。

2015年4月7日，江西省九江市中级人民法院以受贿罪判处黄先才有期徒刑五年六个月，并处没收个人财产人民币2万元。

案例点评

黄先才作为年纪较轻、学历较高、长期在重要岗位上担任领导职务的党员干部，从查明的收受贿赂的事实看，时间长、人数众、次数多，数额不论大小一概笑纳，造成了非常不好的社会影响。黄先才从共青团九江市委书记，调任彭泽县委副书记、纪委书记，庐山区委副书记以及九江市环保局局长、党组副书记，可以说一路都是大权在握，或许正因为大权在握，黄先才走上了违法犯罪的不归路。黄先才的教训告诫党员干部尤其是领导干部，既然当了官就不要想发财，要敬畏手中的权力，要搞清权力的边界，权力姓“公”，不能用来谋私利。

江西省吉水县环保局原副局长周晓春贪污案

周晓春，男，1965年2月出生，汉族，大专学历，1985年5月加入中国共产党，1987年1月参加工作，2011年12月起任吉水县环保局副局长，2013年1月至2015年10月分管农村环境综合治理工程项目。

2012年，罗某（时任阜田镇里塘村委书记）、胡某（时任里塘村委主任）、罗某（时任桥背村小组组长）、罗某（时任桥背村小组副组长）4人为争取桥背村环保项目，多次找周晓春帮忙申请。周晓春向4人提出，环保专项资金下拨后，他要从中分走一半。4人一致同意了周晓春的要求。2013年下半年，周晓春利用分管环保专项资金申报、审批及管理的职务便利，为里塘村委桥背村小组申请到江西省第三批省级环境保护村，项目资金为60万元。2014年3月5日至7月14日，桥背村环保项目专项资金共计55万元分三次下拨至阜田镇经管站。周晓春为拿到之前约定的一半环保资金，授意罗某等 4 人及江某、彭某，采取伪造项目工程合同、虚增项目工程量、伪造项目工程验收单等手段，将 55 万元中的 28.802 11 万元套出，由江某分 7 次以现金形式交给周晓春，共计 27.7 万元。

2016 年 9 月 28 日，吉水县人民法院作出判决，以贪污罪判处周晓春有期徒刑三年，缓刑四年，并处罚金人民币 30 万元。

案例点评

周晓春贪污专项资金一案，数额不算大，案情也较简单，管中窥豹，反映的却是一个比较常见而且普遍发生的违纪违法问题。周晓春案反映出三个问题：一是在立项审批上，申请资金的理由是否真实必需，数额是否经过真实测算；二是资金在拨付环节是否被有关部门克扣，拨付到位后是否被贪污挪用；三是资金项目在执行中是否得到有效监管，项目完成后如何进行工程审计和质量验收。这些环节都包含着很大的廉政风险。中央把生态文明建设提高到国家战略高度，环保领域专项资金比较多，克扣贪污挪用专项资金的情况比较普遍，纪检部门对此类问题要从严查处，有关部门也应切实加强管理和监督。

湖北省石首市环保局原党组书记、局长龚平华受贿案

龚平华，男，1963年7月出生，汉族，大学本科学历，2008年5月至案发前任湖北省石首市环保局党组书记、局长。

2012年至2014年，龚华平利用担任石首市环保局党组书记、局长的职务便利，在建设项目环境评价、污染治理财政补贴资金申报、项目资金争取、环保局设备采购等过程中为他人谋取利益，共计收取他人财物人民币58.5万元，其行为已构成受贿罪。

2012年，中海公司实际控制人王某为使公司顺利通过原料药生产环评找到龚平华，请求其给予帮助，并提出送给龚平华中海公司50万元的“干股”。2012年7月，龚平华拿到了王某送来的其公司开出的收到缴纳“股金款项”50万元的收据。2013年，中海公司顺利通过环评并开工生产。2014年2月，龚平华收到中海公司按50万元“股金”获得的“红利”10万元转账支票。

2011年，石首市金鼎科技有限公司经理刘某在得知石首市环

保局需要通过政府招标采购方式购置一批环境监测设备后找到龚平华，表明自己无该项业务的经营资质，但希望能得到这笔业务。龚平华同意其参与投标，并向政府采购办出具了市环保局同意其参与投票的文件。后该公司顺利中标并通过了环保局的设备验收。当年年底，刘某为表示感谢送给龚平华 2 万元现金。

2010 年下半年，龚平华给湖北钱潮汽车零部件有限公司原总经理沈某打电话建议申报国家重金属污染防治项目。后二人商定，由该公司组织申报材料，石首市环保局负责协助并做上级环保部门的工作，项目资金拨付后，湖北钱潮汽车零部件有限公司给些钱用于环保局改善办公条件。从 2012 年至 2013 年年底，省财政厅、省环保厅先后 4 次拨给钱潮公司电镀废水处理项目财政补贴资金共计 300 万元。2012 年 10 月，沈某为表示感谢送给龚平华 5 万元现金。

2014 年 6 月，湖北鑫盛农牧发展有限公司董事长何某为感谢龚平华在该公司申报有机肥生产示范项目上的帮忙，送给龚平华 1 万元现金。

2014 年 9 月 25 日，因湖北吉象人造林制品有限公司生产排放的水、气污染物超标，荆州市环保局对该公司下达了整改并罚款 10 万元的行政处罚告知书。为避免影响公司申报国家高新技术企业，总经理李某找到龚平华，请其出面与荆州市环保局协商。由于石首市政府的重视，在企业提交书面整改方案后，荆州市环保局同意该行政处罚交由石首市环保局处理。李某请求龚平华降低处罚额度，并改行政处罚为缴纳排污费。龚平华随后决定不给予公司行政处罚，改增缴纳5万元排污费。李某为表示感谢送给龚平华价值5 000元的中百仓储购物卡（每张1 000元，共5张）。

2016年9月28日，湖北省石首市人民法院以受贿罪判处龚平华有期徒刑三年，缓刑四年，并处罚金人民币20万元；龚平华退缴赃款人民币68.5万元（含孳息10万元）上缴国库。

案例点评

近年来，随着经济社会的发展，资源短缺、环境污染、生态破坏等问题日益突出，环境保护工作在促进经济社会可持续发展和保护人民群众生命健康方面发挥着越来越重要的作用。龚平华身为地方环保部门的负责人，本应带头模范遵守法纪法规，认真履行职责，为促进经济社会可持续协调发展，维护人民群众生命健康站好岗、守好责。但是在金钱利益的诱惑下，却将党纪国法、人民利益、党性原则抛于脑后，利用自己"一把手"的职权，收受贿赂，把履行环保职责变成了个人索贿受贿、谋取私利的手段，最终受到了法律的制裁。

剖析龚平华案件，可以深刻领会到"当官发财两条道，为官心中要有戒"的真谛。面对社会诱惑多、陷阱多，当官已是高危职业。天上掉馅饼之时，就是地上有陷阱之时，一旦贪腐，就什么都没了。龚平华案件的教训还有对"一把手"监督的缺失，龚平华为他人谋利涉及环评审批、资金分配、设备采购等多个领域，无论是否是其分管的业务领域都能干预。龚平华之所以能把手伸那么长，主要还是因为他是单位的"一把手"。所以，加强对"一把手”的任用考核和日常监管十分重要。在当前反腐败斗争形势依然严峻的复杂情况下，必须抓住关键少数，进一步加强对“一把手”的监督。要把纪律挺在前面，把严明党纪体现到对干部的日常监督管理中，抓早抓小，动辄则咎，发现苗头及时提醒，触犯纪律及时处理，不要使小错误演变成大问题。

湖南省长沙市环保局原党组副书记、局长黎建受贿案

黎建，男，1962年8月出生，汉族，大学本科学历，2002年10月至2006年3月任中共湖南省浏阳市委副书记，2003年1月兼任大文公路建设指挥部指挥长，2006年3月至2013年11月任长沙市环保局党组副书记、局长。

2003年年初至2013年上半年，黎建利用职务便利为他人谋取不正当利益，先后索取或非法收受他人财物共计人民币518.496万元。

例如，2008年，收受湖南泰谷生物科技有限责任公司（以下简称“泰谷公司”）人民币55万元。2008年5月、6月，曹某与刘某成立泰谷公司，黎建以其外甥女名义实缴出资额30万元，认缴出资额85万元，泰谷公司代其缴纳55万元。黎建利用职务便利在泰谷公司申报环保补助资金时给予帮助。

2007年9月至2012年11月，先后5次收受恒凯公司陈某人

民币共计 52.78 万元。在长沙市机动车尾气检测社会化项目实施过程中，黎建利用环保局局长管理招商引资、协调机动车尾气检测收费、机动车尾气检测补贴等职务便利，将长沙市机动车尾气检测社会化项目交给恒凯公司，并在协调机动车尾气检测收费、检测财政补贴中给恒凯公司多次提供帮助。

2012 年 3 月，索取湖南清之源环保科技有限公司陈某 100 万元。黎建利用管理环评审批、环保工程发包等职务便利，多次为清之源环保科技有限公司承揽环保业务提供帮助。

2010 年至 2013 年，收受湖南庆泰花炮集团有限公司黄某 9 万元。2010 年年底，黎建利用职务便利，将长沙市环保局 100 万元污水处理项目补助资金的30万元拨付给庆泰公司；2013年2月，庆泰公司实施花炮行业再生纸循环减排工程，经黎建帮忙获得长沙市环保局环保专项资金 50 万元。黄某为表示感谢分别送给黎建 3 万元、6 万元。

黎建身为国家工作人员，利用职务便利为他人谋取不正当利益，索取或非法收受巨额财物，已构成受贿罪。湖南省张家界市武陵源区人民法院 2015 年 4 月 24 日作出一审判决，以受贿罪判处黎建有期徒刑十年六个月，剥夺政治权利一年，并处没收个人财产人民币 200 万元；除在案发前已退还及未实际占有的部分外余下受贿犯罪所得人民币 386.216 万元，予以追缴，上缴国库；其受贿犯罪所得财物产生的孳息人民币 111.654 7 万元，予以追缴，上缴国库。

2015 年 8 月 11 日，湖南省张家界市中级人民法院作出终审判决，驳回上诉，维持原判。

案例点评

纵观环保部门“一把手”的腐败案件，几乎都有一个共同的特点：腐败领域涉及多项重要环保权力。湖南省长沙市环保局原局长黎建的受贿案就是典型例子。

黎建涉及的领域有：一是环保资金分配，如在泰谷公司申报环保补助资金给予帮助；二是环保项目分配，如把长沙市机动车尾气检测社会化项目交给恒凯公司，并在协调机动车尾气检测收费、检测财政补贴中多次提供帮助；三是环评审批，如利用管理环评审批、环保工程发包等职务便利，多次为清之源环保科技有限公司承揽环保业务提供帮助。

随着环境保护越来越重要，环保部门“一把手”的权力也“水涨船高”。在这种形势下，如何对环保局局长手中的权力形成有效的制约和监督成为一项紧迫的课题。对环保局局长廉政风险的防范，除加强党性教育、筑牢拒腐防变的思想道德防线之外，还要加强监督和制度建设，只有强化“不想腐”“不敢腐”和“不能腐”的措施三管齐下，党风廉政建设和反腐败斗争的根才能越扎越深，风清气正的良好氛围才能越积越厚。

湖南省长沙市开福区环保局科技自然生态保护科原科长吴旦贪污案

吴旦，男，1975 年 11 月出生，汉族，大学本科学历，原系长沙市开福区环保局科技自然生态保护科科长。

张敦，男，1979 年 11 月出生，汉族，大学本科学历，原系长沙市开福区捞刀河镇政府经贸办环保专干、沙坪街道办事处经贸办环保专干。

2011 年 9 月，长沙市开福区政府为根治全区畜禽养殖业污染，保护农村生态环境，依据有关法律规定和文件精神，决定对全区栏舍面积达到 40 平方米或者存栏 20 头猪以上的畜禽养殖户劝退出，并按核定的栏舍面积一次性给予所有者 50 元 / 米^2、养殖者 20 元 / 米^2 的畜禽养殖业退出补助。吴旦 2011 年 9 月至 2013 年，抽调至开福区畜禽养殖业退出领导小组办公室工作。张敦 2012 年 5 月至 2013 年，负责管理捞刀河镇畜禽养殖业退出工作。

在捞刀河镇的畜禽养殖业退出工作过程中，吴旦与张敦商量利用两人的职务便利和退出补助资金审批管理不严的机会，由张敦联系相关村干部制作虚假畜禽养殖业退出资料上报，套取国家畜禽养殖业退出补助资金，所套取的资金除村上分得外两人均分。之后，张敦联系了捞刀河镇告塘村、广胜村的村干部，要求其虚报畜禽养殖业退出资料，获取的资金与村上六四或五五分成。两村的村干部为得到更多补助资金，接受了张敦提议，共计虚报冒领畜禽养殖业退出资金239.811 67万元。此外，张敦还单独与汉回村联系，答应与该村六四分成，共虚报冒领补助资金81.507 79万元。

吴旦、张敦身为国家机关工作人员，在行使管理畜禽养殖业退出工作职责过程中，以非法占有为目的，共同商量，指使相关村干部制作虚假申报资料，违规处理公务，有意不入户核实、丈量栏舍面积，直接在虚假申报资料上签字审核，侵占国家畜禽养殖业退出资金。其中张敦犯罪数额321.319 46万元，吴旦犯罪数额239.811 67万元，其行为均已构成贪污罪。

2014年10月14日，长沙市开福区人民法院作出一审判决，以贪污罪判处吴旦有期徒刑十年六个月，并处没收财产人民币5万元；以贪污罪判处张敦有期徒刑十一年，并处没收财产人民币5万元；没收二人违法所得20万元，上缴国库。2014年12月10日，长沙市中级人民法院作出终审判决，驳回上诉，维持原判。

案例点评

本案是“小官巨贪”的典型案例，作为专项行动小组工作人员，串通村干部，利用专项行动虚报冒领，套取专项补助资金，涉案金额高达几百万元，专项治理行动成了某些贪婪分子的专项捞钱行动。涉案人员都是老百姓身边的党员领导干部，本应该为老百姓做实事，但是总有个别人利欲熏心，利用专项治理行动的机会，钻制度和管理的空子，擅用手中职权，违规处理，既是给治理工作抹黑，也是给党员领导干部抹黑，所以中央纪委不断强调，要严查群众身边“四风”和腐败问题。在此引用《中国纪检监察报》上的一段话：“发生在群众身边的‘苍蝇式’腐败不是小事，其量大面广，易发多发，传播‘病菌’，扰民欺民，群众对此深恶痛绝。着力解决群众身边的‘四风’和腐败问题，让人民群众看得到、感受得到、享受得到党风廉政建设和反腐败斗争的实际成果，是党的宗旨的具体化，是全党重要的政治责任。”

湖南省永兴县环保局原局长雷戊平受贿案

雷戊平，男，1968年3月，汉族，大学本科学历，2007年10月至2009年12月任湖南省永兴县塘门口镇党委书记，2009年12月至案发前任永兴县环保局局长，2011年兼任永兴县金银冶炼企业整合升级淘汰退出工作领导小组办公室主任。

2009年至2015年，雷戊平在担任永兴县塘门口镇党委书记、永兴县环保局局长并兼任“整合办”办公室主任期间，利用职务之便，收受湖南永兴意水稀贵金属再生利用有限公司（以下简称“意水公司”）董事长杨某、强胜银业有限公司董事长李某贿赂共计38万元，具体事实如下。

2009年至2013年，雷戊平先后两次收受杨某人民币18万元。2009年春节后，杨某为感谢雷戊平对意水公司在农赔款、行政收费、企业与村民之间协调等方面给予的关照，送给雷戊平现金人民币12万元。2013年，永兴县从省里争取了30万吨的粗铅产能指标，确定由主要涉铅企业向县“整合办”缴纳环境治理金和环境风险责任金，意水公司于2013年1月向“整合办”缴纳1 100万元保证金。同年3月意水公司以资金紧张为由，从“整合办”退回保证金100万元；之后意水公司由于资金短缺，在雷戊平等人帮助下，意水公司于同年11月从“整合办”借出1 000万元。为感谢雷戊平对公司的关照，2013年年底，杨某送给雷戊平6万元。

2014年至2015年，强胜银业有限公司董事长李某为感谢雷戊平对该公司争取5万吨电解铅项目及工艺流程改进方面给予的关照，先后4次送给雷戊平人民共计20万元（2014年端午节5万元、2014年中秋节5万元、2015年春节5万元、2015年中秋节5万元）。

雷戊平身为国家工作人员，利用职务便利，非法收受他人财物，且为他人谋取利益，其行为已构成受贿罪，鉴于其确有自首、悔罪表现，予以减轻处罚。2016年6月16日，湖南省永兴县人民法院以受贿罪判处雷戊平有期徒刑两年，缓刑三年，并处罚金人民币40万元；追缴雷戊平犯罪所得人民币38万元，上缴国库。

案例点评

因贪欲蒙蔽了党性，为金钱辜负了信任。本案涉案人雷戊平，案发前曾任镇党委书记、环保局局长兼任“整合办”办公室主任，作为基层党员领导干部，体现了组织对他的信任，也一定程度上体现了他出色的工作能力，这样一个有工作能力的地方环保系统领导干部，终究也没有抵御住金钱的侵蚀。从行贿人将装钱的黑色塑料袋放在其车辆的副驾驶座位上的半推半就，到打电话要求行贿人银行转账的主动伸手，雷戊平终于也是辜负了组织的信任，忘记了自己党员领导干部的身份，被贪欲蒙蔽了双眼，最终将自己送上了法庭。

值得一提的是，雷戊平是本次案例汇编的所有涉案人员中相对量刑较轻的一个，据法院调查，其确有自首、悔罪表现，法院依法对其进行了减刑。可见主动如实交代，真诚悔罪，是违法违纪人员的唯一正确态度。

广西壮族自治区环保厅基建办原主任曾安华受贿案

曾安华，男，1966 年 1 月出生，汉族，在职研究生，原广西壮族自治区环保厅基建办主任。

广西壮族自治区环保厅基建办是该厅为建综合业务用房及附属用房而成立的临时机构。2009 年 3 月 36 日，曾安华担任基建办主任，主要负责该厅综合业务用房及附属用房建设项目招投标、工程管理、工程款支付审核等相关工作。

2010 年上半年，自治区环保厅计划对综合业务用房空调及安装项目进行施工建设，随后委托自治区机电设备招标中心作为采购代理机构进行国内公开招标。空调商人王某找到时任基建办主任的曾安华，提出如果曾安华让其所挂靠的广西建工集团第二建筑设备安装工程有限责任公司中标环保厅此项目，他会给曾安华相应的好处费。后曾安华利用职务之便，让该公司于 2010 年 6 月 23 日顺利中标。为感谢曾安华的帮助，王某于 2010 年至 2012

年，先后5次给予曾安华好处费共计55万元。

广西建林装饰工程有限责任公司是区环保厅环境应急设备库等附属用房工程（职工食堂）的总承包商，而该工程的中央空调采购及安装项目本应由建林公司负责完成。但曾安华利用职务之便，让建林公司将该项目分包给第二建筑设备安装工程有限公司承包。为感谢曾安华的帮助，王某于2013年7月送给曾安华7万元。

2011年上半年，区环保厅计划对该厅综合业务用房二次装修工程项目进行施工建设，随后委托机电招标中心作为采购代理机构。建林公司的副总经理谭某向曾安华提出，如果曾安华帮助其中标此项目，其会给予曾安华好处费。曾安华利用职务之便，最终让建林公司于2011年5月18日顺利中标。为感谢曾安华的帮助，谭某于2011年8月至2012年年初，先后5次给予曾安华好处费共计30万元。

2012年下半年，谭某以建林公司名义投标环保厅环境应急设备库等附属用房（职工食堂）总包工程项目，曾安华利用职务便利，让建林公司于同年9月26日顺利中标。为感谢曾安华的帮助，谭某于2012年年底送给曾安华好处费3万元。

曾安华身为国家工作人员，利用职务上的便利，非法收受他人财物共计人民币95万元，数额巨大，为他人谋取利益，已构成受贿罪。2016年9月13日，北海市中级人民法院作出终审判决，以受贿罪判处曾安华有期徒刑四年，并处罚金人民币50万元；将曾安华退出的全部受贿赃款人民币95万元予以没收，上缴国库。

案例点评

为求功名累半世，一步走错悔也迟。曾安华“在工作单位一直表现良好”，所以环保厅在准备建综合业务用房及附属用房专门成立临时机构时，才任命其为基建办主任。但他辜负了组织的信任，利用职务便利，通过向投标人泄露信息、与采购代理机构打招呼、评标中打高分等方式，使给他好处费的企业中标。曾安华的所作所为，既损害了单位利益，破坏了市场秩序，又令自己前程尽毁，身陷囹圄。

《菜根谭》中有句话说得好：“一念之差，足丧生平之善；终身检饬，难盖一事之愆。”曾安华在工作中逐渐放松了思想改造，淡化了党的宗旨意识，最终走上利用权力谋取不当利益之路。权力和贪欲相伴必定导致腐败。党员领导干部面对各种形式的诱惑，任何时候都不能自我麻痹，让别有用心的人乘虚而入。不正当利益的背后往往是陷阱，暗藏着对方更大的利益请托，如果不守住做人、处事、用权、交友的底线，保持定力，就会为自己的行为付出惨痛的代价。

海南省国土环境资源厅执法监察局原局长吴坤汉受贿案

吴坤汉，男，1963年11月出生，汉族，大学本科学历，2004年8月至2006年6月任海南省国土环境资源厅地质勘查与矿产开发管理处调研员，2006年至2013年6月任海南省国土环境资源厅地质勘查与矿产开发管理处处长，2013年6月至案发前任海南省国土环境资源厅(2014年9月更名为海南省国土资源厅)执法监察局局长。

2005年至2013年，吴坤汉在担任海南省国土环境资源厅地质勘查与矿产开发管理处调研员（主持工作）、处长期间，利用职务便利，在探矿权、采矿权许可、延续、划定矿区等管理工作过程中，为他人谋取利益，分别收受11人给予的人民币共计144.8万元、10万元港币（折合人民币8.819万元），合计人民币153.619万元。

例如，2007年至2011年，吴坤汉利用职务便利，为海南金宝正诚矿业有限公司、海南双悦实业有限公司申请探矿权许可、变更、矿区划定及延续等提供帮助，收受陈某给予的贿赂款人民币 30 万元。

2005 年至 2011 年，吴坤汉利用职务便利，为昌江华盛天涯水泥有限公司、三亚华盛经济发展有限公司申请采矿权、探矿权许可及矿区划定提供帮助，3 次收受陈某给予的贿赂款人民币共计 25 万元。

2009 年至 2013 年，吴坤汉利用职务便利，为海南武华矿业有限责任公司申请东方市红甫门岭矿区深部金矿勘查探矿权许可登记提供帮助，6 次收受陈某给予的贿赂款人民币共计 24.8 万元。

2011 年某天，吴坤汉接受海南有色科技股份有限公司副总经理李某的请托，利用职务便利，承诺为该公司申请划定乐东县后万岭铅锌矿矿区提供帮助，收受李某给予的贿赂款人民币 2 万元。

2011 年 4 月 12 日，海南东汇股份有限公司委托海南省地质综合勘察院勘查乐东县后万岭钼铅锌矿区。同年 7 月 18 日，东汇股份有限公司将该矿区探矿权转让给科技股份公司。随后，吴坤汉接受海南省地质综合勘察院法定代表人陈某的请托，利用职务便利，承诺为该院受委托勘查乐东县后万岭铅锌矿矿区提供帮助，收受陈某给予的贿赂款人民币 3 万元。

吴坤汉身为国家工作人员，利用职务便利，为他人谋取利益，非法收受他人巨额钱款，其行为已构成受贿罪。2016 年 7 月 25 日，海南省第二中级人民法院以受贿罪判处吴坤汉有期徒刑四年六个月，并处罚金人民币 30 万元；扣押在案的赃款人民币 153.619 万元予以没收，上缴国库。

青海省环保厅机关后勤服务中心原主任范锐洪受贿案

范锐洪，男，汉族，1964年8月出生，大学本科学历，中共党员，原系青海省环保厅机关后勤服务中心主任。

2008年及2009年春节，范锐洪在担任青海省环保厅机关后勤服务中心主任职务期间，利用职务之便，先后两次收受为省环保厅机关办公楼进行改造工程的施工方江苏省江建集团青海分公司项目经理郭某所送贿赂款2万元。

2013年春节及2013年7月，范锐洪利用职务之便，先后两次收受为省环保厅做电力改造项目的施工方杨某所送贿赂款3万元。

范锐洪身为国家工作人员，利用职务之便，非法收受他人贿赂款5万元，其行为已构成受贿罪。2014年4月16日，青海省西宁市城北区人民法院以受贿罪判处范锐洪有期徒刑三年，缓刑三年。

案例点评

按照行政职级来看，处长的职务不算高，作为上传下达的关键一环，往往承担着文件起草、审核材料等基础工作，还直接面对办事人。处长不进行决策，但作为决策的具体执行者，这种执行权不容忽视，快办还是慢办，全办还是部分办，都得看他们怎么办。俗话说，县官不如现管，处长名义上权力不大，手中却掌握了实权。这种利用手中权力用于寻租变现的“处长贪腐”，俨然成了小官大贪的典范，范锐洪、吴坤汉就是典型例子。范锐洪利用担任青海省环保厅机关后勤服务中心主任的便利，在省环保厅机关进行办公楼改造、电力工程改造中，两次收受施工方的贿赂；吴坤汉担任海南省国土环境资源厅地质勘查与矿产开发管理处调研员（主持工作）、处长期间，拥有矿产开发审批和办理等权力，在为企业办理采矿权、探矿权的申请、变更等手续中，大搞权钱交易，收受巨额贿赂。这种慷国家之慨、行利己之私的行为，不仅严重不负责任，降低施工质量，审批不符合条件的企业，还损害了国家和人民的利益，破坏了正常的市场经济秩序。

究其原因，“处长贪腐”来源于一些政府部门行政审批权过大，过于集中，尤其是公共权力的运行不够公开、透明，缺乏有效的监督制约。为避免出现这类现象，要规范权力运行，加强制度建设，把监督的螺栓拧紧，把制度的篱笆扎牢，同时党委切实履行主体责任的监督，对权力高度集中的处长，强化管理，时时提醒，必要时咬耳扯袖、红脸出汗，使他们心怀敬畏和戒惧，时刻感受到责任、考验和约束，确保手中的权力真正用来为人民谋利益。

四川省环保厅污染防治处原处长赵向岁受贿案

赵向岁，男，汉族，1957 年 4 月出生，大专学历。2008 年 1 月至 2010 年 5 月任四川省环保厅城市污染控制监督管理处处长，2010 年 5 月至 2012 年 8 月任省环保厅污染防治处处长，2012 年 8 月至 2013 年 4 月任省环保厅核电安全与工业污染监管处处长，2013 年 4 月至 2014 年 2 月调至环境应急与信访处工作。

赵向岁在担任四川省环保厅污染防治处处长、核电安全与工业污染监管处处长期间，利用职务便利收受重金属污染补助资金项目单位及相关人员现金共计 251.5 万元，并为他人谋取利益，已构成受贿罪。

例如，2010 年下半年，青川县天运金属开发有限公司获得 2010 年重金属污染防治专项资金 1 306 万元。为感谢赵向岁在上述资金争取中的关照和方便以后办理危险废物转运的审批手续，2011 年春节，王某将 20 万元现金送给赵向岁。2012 年国庆节前，王某又送给赵向岁现金5万元。

2012年春节，石棉县汇得利锌业有限公司李某为感谢赵向岁对其顺利获得2011年重金属污染防治专项资金650万元的关照，将现金5万元送给赵向岁。

2012年，汉源县俊磊锌业有限公司何某向赵向岁多次提出希望其关照呼某经营的俊磊锌业有限公司申请重金属污染防治专项资金。在赵向岁的关照下，俊磊锌业有限公司于2013年年初顺利获得专项资金400万元。2013年年初，何某和呼某将20万元现金送给赵向岁。赵向岁收受后，通过转借赵某钱款方式用此钱获得孳息2万元。2013年7月，何某又将31万元现金好处费（其中1万元为受贿孳息）交给赵向岁。此后赵向岁又通过转借赵某钱款的方式用此钱获得孳息7.5万元。

2014年12月31日，四川省广元市朝天区人民法院以受贿罪判处赵向岁有期徒刑十年六个月，并处没收财产50万元；赵向岁的涉案赃款251.5万元及违法所得51.85万元共计303.35万元，依法予以没收，上缴国库。

案例点评

所谓的“感谢费”，不过是为行贿穿上的一件美丽外衣，是国家法律法规明令禁止的。赵向岁作为处长，虽然级别不高，但握有审批事项的实权。相关企业为在危险废物转运和重金属污染防治专项资金等方面获得不正当利益，多次以“感谢费”名义向赵向岁赠送现金，而他也来者不拒，甚至还用于放贷孳息，数额巨大、情节严重，触犯了党纪国法。因此，各级组织和党员领导干部千万不能对商人送“感谢费”掉以轻心。一定要疏堵结合，一方面要加强对领导干部的权力监督，把他们的权力关进“笼子”里，防止他们以权谋私；另一方面也要强化制度设计，堵住官商勾结的制度漏洞。此外，也要对危险废物及重金属污染防治领域的腐败进行严惩，既惩治受贿人，也要惩治行贿人，双管齐下，彻底根治“感谢费”的陋规。

四川省固体废物管理中心原主任韩文忠受贿案

韩文忠，男，1965 年 6 月出生，汉族，大学本科学历，2010 年 9 月至案发前担任四川省固体废物管理中心主任。

2010 年年底至 2013 年，韩文忠利用担任省固废中心主任的职务便利，在为相关企业办理、更换危废证及日常监管、检查工作中接受他人请托，收受他人给予的人民币共计 42.8 万元及价值 4 999 元的手机一部，为请托人谋取利益。其行为已构成受贿罪。

例如，2011 年 5 月、6 月，金鑫加工厂负责人梁某为在办理危废证上得到韩文忠的关照，两次送给韩文忠人民币共计 4.5 万元。

2011 年 6 月至 2012 年 8 月，广超公司负责人陈某为在办理危废证及省内危险固体废物转移上得到韩文忠的关照，先后 5 次送给韩文忠人民币共计 10 万元及价值人民币 4 999 元的苹果手机一部。

2012年5月、6月，宏源公司法定代表人严某为在更换危废证事项上得到韩文忠的关照，送给韩文忠人民币1万元。

2012年10月、12月，三贡化工法定代表人卢某为在增加公司危险废物经营种类上得到韩文忠的关照，两次送给韩文忠人民币2万元。

2012年12月，真金化工负责人宗某为在办理危废证上得到韩文忠的关照，送给韩文忠人民币5 000元。

2012年、2013年春节，圣光公司负责人孟某为在办理危废证上得到韩文忠的关照，两次送给韩文忠人民币2万元。

2010年年底至2013年，天运公司负责人王某为在办理危废证、环保监管及日常检查中得到韩文忠的关照，先后8次送给韩文忠人民币8万元。

2013年12月6日，四川省资阳市中级人民法院以受贿罪判处韩文忠有期徒刑十年，并处没收个人财产人民币5万元；对韩文忠受贿所得人民币42.8万元及苹果手机一部，予以追缴。

案例点评

近年来，国家与社会对环境保护事业的重视，危险废物处置的价值日益显现。危废处置许可证的发放及持续持有，成为利益攸关企业的“命根子”，也使环境保护部门特别是固体废物管理部门地位与权力不断提高，甚至成为有关企业与个人“围猎”的对象。在这种巨大转变过程中，如韩文忠一般的党员干部在世界观、价值观上发生了扭曲，党性观念开始退化，在金钱的诱惑下心甘情愿为人所利用，最终走向腐败和堕落。他们身为执法者、监督者，不仅不秉公执法，反而把党、国家和人民赋予的职权，当成了捞取个人好处、谋取个人私利的工具，严重损害了党和政府的声誉，造成了恶劣的社会影响。遏制环保领域腐败，我们一方面要靠惩治，靠法制，靠加强内控机制；另一方面更需要全社会的监督，公开透明是杜绝暗箱操作的唯一出路；彻底打破危废处置领域的利益链条，从根本上遏制“危废腐败”，还需要进一步扩大信息公开及保障公众参与的权利。只有透明信息下的公众广泛参与，才能遏制权力寻租的腐败诱惑。

四川凉山州环保局
原党组书记、局长吉伍木牛受贿案

吉伍木牛，男，1959年12月出生，彝族，硕士，中共党员，2006年10月至案发前担任凉山彝族自治州环保局党组书记、局长。

2010年至2013年，时任凉山州环保局监测站站长张某为了得到吉伍木牛的提拔，以及让吉伍木牛不要清查其被本单位职工举报的问题，先后4次送给吉伍木牛共计11万元人民币。

2011年3月至2015年春节，四川顺蓝天环评公司的法定代表人吴某为了在公司业务方面得到吉伍木牛的关照和支持，先后4次送给吉伍木牛共计136万元人民币。

2011年，担任四川安和水利水电工程公司办公室主任的曾某为了在其电站的环评工作中得到吉伍木牛的支持和关照，送给吉伍木牛10万元人民币；2011年下半年，担任鸿鑫水电开发公司总经理的曾某为尽快获得环保部门对鸿鑫公司开发的冕宁县韩家沟、萝卜丝沟上段、磨子沟3个水电开发项目开展环评工作及对韩家沟一级电站、韩家沟二级电站、坡洛电站、磨子沟电站4个电站的环评批复，通过吴某送给吉伍木牛60万元人民币。

2012年年底至2013年年初，四川安和水利水电工程公司业务员曾某为尽快得到木里县群英沟、依吉沟、泉马拐沟流域梯级电站的环评批复，送给吉伍木牛20万元人民币。

2012年年底，吉伍木牛向德昌志能稀土有限责任公司董事长黄某提出，将自己位于西昌的住房以220万元出售给他，黄某在明知该房屋当时最多市值180万元的情况下，为了自己公司以后在环评方面得到吉伍木牛的关照，以高出市场价格40万元购买了此房屋。

吉伍木牛身为国家工作人员，利用职务便利，为他人谋取利益，受贿金额高达277万元，其行为已构成受贿罪。2016年6月2日，四川省凉山彝族自治州中级人民法院以受贿罪判处吉伍木牛有期徒刑八年，并处罚金人民币40万元；吉伍木牛受贿所得赃款人民币277万元予以没收，上缴国库。

案例点评

正如习近平总书记所说的，用人真正做到了公道正派，其他的都变得简单了。然而吉伍木牛作为一名少数民族干部，逐步成长为部门党政一把手，不感恩于党和人民的培养，反而恰恰是从选人用人开始，在金钱与贪欲的诱惑下，一步步走向深渊，不仅收受下属贿赂为其跑官、要官提供方便而且为其蒙骗组织调查提供方便，此外还利用职权多次收受企业人员贿赂为其谋取不正当利益。不仅葬送了自己的政治生命与幸福生活，还败坏了凉山彝族自治州环保局的党风政风，破坏了该地环评系统的政治生态，更败坏了党和政府在群众中的形象与威信。吉伍木牛本应牢记党的宗旨，严格遵守党的纪律，保持清正廉洁，但其严重违反了党的组织纪律、政治纪律、廉洁纪律，且在党的十八大后仍不收敛、不收手，性质恶劣、情节严重，被开除党籍和公职并接受法律的审判是咎由自取。然而，如何加强对“一把手”的有效监督、如何抓早抓小，是否更应该引起我们的思考？

贵州省赤水桫椤国家级自然保护区管理局原局长杜西德受贿案

杜西德，男，汉族，1953 年 7 月出生，大学本科学历，1980 年 3 月入党，1973 年 4 月参加工作。2008 年 7 月任贵州省赤水桫椤国家级自然保护区管理局副局长（主持工作），2010 年 12 月至 2013 年 12 月（退休）任赤水桫椤管理局局长。

杜西德在担任桫管局副局长、局长期间，利用职务之便，在桫管局博物馆主体装修及水电安装工程、金沙危房改造工程、科教中心平场工程、赤水桫椤自然遗产地保护性基础设施建设项目第三、第四、第五标段工程等工程的发包、拨款等事项上给予工程承包人冯某关照，分 5 次共计收受冯某所送现金人民币 25 万元，其中 2011 年秋 10 万元、2011 年 12 月 1 万元、2012 年夏 10 万元、2013 年夏 2 万元、2013 年下半年 2 万元。其行为已构成受贿罪。

2016 年 5 月 24 日，贵州省遵义市中级人民法院以受贿罪判处杜西德有期徒刑三年，并处罚金人民币 20 万元；所退赃款 25 万元予以没收，上缴国库。

贵州省赤水桫椤国家级自然保护区管理局原副局长郭能彬受贿、交通肇事案

郭能彬，男，汉族，1962 年 12 月出生，大专学历，1981 年 10 月参加工作，1986 年 9 月加入中国共产党；2010 年 12 月至案发前任赤水桫椤国家级自然保护区管理局副局长。

郭能彬利用担任贵州省赤水桫椤国家级自然保护区管理局副局长的职务之便，在金沙管理站装修工程、科教培训中心平场工程、赤水桫椤自然遗产地保护性基础设施建设项目第四、第五标段工程的发包、结算等事项上给予工程实际承包人冯某关照，分两次收受冯某所送现金 3.2 万元。

2014 年 1 月 2 日晚，郭能彬酒后驾驶贵 CEN407 号小型普通客车，将过马路的行人张某、陈某撞倒，造成二人头部多处受伤，陈某经抢救无效死亡。经赤水市交通警察大队认定：本次事故驾驶人郭能彬负全部责任。

郭能彬身为国家工作人员，利用职务上的便利，非法收受他

人财物3.2万元，为他人谋取利益，其行为已构成受贿罪；郭能彬违反交通运输管理法规，醉酒驾驶机动车发生交通事故，致1人死亡1人受伤，其行为已构成交通肇事罪。

贵州省高级人民法院2016年5月18日作出终审判决：以受贿罪、交通肇事罪判处郭能彬有期徒刑一年六个月，并处罚金人民币10万元；郭能彬受贿所得赃款3.2万元继续追缴，上缴国库。

因郭能彬犯受贿罪、交通肇事罪，违反财经纪律，违规领取奖金、补贴及报销公款旅游费用，以及工作失职造成国家经济损失等原因，2015年11月4日，中共遵义市纪委给予郭能彬开除党籍处分。

2016年6月24日，贵州省环境保护厅给予郭能彬开除处分。

案例点评

一个单位，正、副两位局长，在金钱和利益面前，没能把握好自己，接受了同一个建筑施工老板的贿赂，利用手中的权力为其谋利，同时被查处，教训惨痛，令人惋惜，给单位声誉和事业发展带来极大的负面影响。贵州经济欠发达，对投入赤水桫椤国家级自然保护区的财政资金，更应该使用好、监管好，发挥效益。俗话说“拿人手短”，杜西德作为单位“一把手”，拿人钱财就要替人办事，监督资金使用和工程质量的底气必然不足，他是既没有管好自己，也没有给下属作好表率，到头来竹篮打水一场空。建筑施工领域腐败问题频发，群众形象说法是“一栋大楼建起来，一批干部倒下去”，前车之鉴不可谓不深刻，但到了自己头上杜西德、郭能彬终究没能抵住诱惑、守住底线。若要人不知，除非己莫为，领导干部结交的老板朋友中，真正意义上的朋友又有几位，不过是温情包装下的权钱利益关系，获益最大的是老板，受伤害最大的是干部和组织。郭能彬受贿数额虽然不大，但已然触犯国家刑律，必然会受到法律的追究。与此同时，他还存在其他若干违反党纪的行为，不难看出，郭能彬平时纪律意识不强，对自己要求不严，久而久之，就会放纵自己的行为，咎由自取，必然带来严重后果。果不其然，他身为国家工作人员，本应模范遵守国家道路交通安全法律法规，珍爱生命，文明驾驶，而他却忘乎所以，胆大妄为，醉酒驾车，造成 1 死 1 伤的惨剧，给本人和受害者家庭带来了深重的灾难，凡事要遵规守纪，三思而后行，酒精能麻痹一时，但终有清醒之日，相信此时此刻的郭能彬一定为自己当初的选择和行为后悔不已。

云南省昆明市环境科学院原院长李跃勋贪污、私分国有资产案

李跃勋，男，1965年10月出生，白族，大学本科学历，原系昆明市环境科学院院长、昆明市第十三届人大代表。

蒋玲，女，1978年3月出生，汉族，中专文化，原系昆明优扬电子科技有限公司经理。

一、贪污罪及伪造公司、企业印章罪

2003年9月至2010年8月，李跃勋虚列支出，通过原安宁市环保局局长李某联系安宁温泉银鹰山庄等4家公司、企业，从天图环境咨询有限公司虚报冒领现金人民币22.32万元非法占为己有。

2003年9月至2008年11月，李跃勋利用职务便利，指使环评室工作人员叶某、蔺某等人从昆明市各地方税务局代开税控发票，并以经手人、证明人的名义办理财务报销手续，李跃勋先后

10 次从天图环境咨询有限公司套取现金人民币 29.03 万元非法占为己有。

2004 年 12 月至 2010 年 12 月，李跃勋利用职务便利，以购买电脑耗材、办公用品、支付打印费、复印费等名义，虚报冒领现金人民币 117.344 万元非法占为己有。蒋玲伪造昆明奥特办公设备有限公司、昆明金奥特现代办公设备有限公司、昆明金城金汽车租赁有限公司、昆明迪思软件有限公司、昆明五华宏捷光盘科技经营部等公司、企业的印章，加盖在 18 份发票上交给李跃勋虚报使用。

2005 年 7 月至 2010 年 8 月，李跃勋利用职务便利，指使昆明天图环境咨询有限公司出纳徐某以技管人员工资、劳务费名义，采取编造虚假领取名单的方式，从该公司套取现金人民币 588 万元存入徐某个人银行账户。2008 年 4 月至 2010 年 8 月，李跃勋先后分 4 次从徐某处拿走现金人民币 140 万元非法占为己有。

2005 年 10 月至 2010 年 6 月，李跃勋利用职务便利，指使环评室工作人员叶某、蔺某等人编造“专家咨询费”；由会计全某冒用他人名义虚报差旅费、咨询费、打印费；指使出纳徐某编造假名单，以补发技管人员奖金为名提取现金等手段，先后 8 次从天图环境咨询有限公司套取现金人民币 116.611 5 万元非法占为己有。

2006 年 12 月，李跃勋利用职务便利，在没有发生真实业务的情况下，以支付技术协作费的名义，将金额为人民币 12.5 万元的转账支票付给昆明世纪科技交流中心换取发票，该中心负责人白某在扣除税款后，将剩余现金 11.8 万元交给李跃勋，被其非法占为己有。

二、私分国有资产罪

2009 年 12 月至 2010 年 1 月，李跃勋利用职务便利，批准昆明市环科院环评室马某、张某等人从环科院收取的环评费中，以支付专家咨询费等名义，从税务局代开发票进行报账，套取人民币 65.313 万元在环评室内部进行分配。

2010 年至 2011 年，李跃勋、徐晓梅利用职务便利，批准环评室马某、张某等人从环科院收取的环评费中，以支付劳务费等名义，用劳务费发放名单和从税务局代开税控发票报账的方式，套取现金 169.254 771 万元人民币在环评室内部进行分配。

2004 年至 2010 年，李跃勋利用职务便利，指使出纳徐某按照 25% 的比例从天图环境咨询有限公司所收取的环评费中提取现金人民币 451.213 万元，在该公司内部进行分配。

李跃勋利用担任昆明市环科院副院长、院长的职务便利，采取侵吞、骗取手段，非法占有公款人民币 437.805 5 万元，其行为已构成贪污罪；作为国有事业单位主管人员，李跃勋违反国家规定，以单位名义将国有资产人民币 685.780 771 万元私分给个人，数额巨大，其行为已构成私分国有资产罪。蒋玲伪造公司、企业的财务专用印章，使李跃勋利用支票套取现金，其行为已构成伪造公司、企业印章罪。

云南省昆明市中级人民法院于 2014 年 6 月 4 日作出一审判

决，以贪污罪、私分国有资产罪判处李跃勋有期徒刑十六年，并处罚金人民币 10 万元；以仿造公司、企业印章罪判处蒋玲有期徒刑两年，缓期两年执行；涉案赃款继续追缴，扣押的涉案款项人民币 165.240 6 万元依法发还被害单位。

2014 年 12 月 17 日，云南省高级人民法院作出终审判决，驳回上诉，维持原判。

云南省麻栗坡县环保局原局长胡代元受贿案

胡代元，男，1965年6月出生，汉族，大专学历，中共党员，曾担任云南省麻栗坡县环保局局长。

2011年至2012年，胡代元利用担任麻栗坡县环保局局长的职务便利，在麻栗坡县董干镇、马街乡水库城镇集中式饮用水水源地水源涵养林的承包、建设过程中为工程承包人戴某提供帮助、关照，两次收受戴某30万元人民币。其中，2011年1月，胡代元在其家中收受戴某20万元人民币。2012年4月，胡代元在其家中收受戴某10万元人民币。

2013年9月25日，云南省麻栗坡县人民法院以受贿罪判处胡代元有期徒刑七年；随案扣押款30万元人民币依法没收，上缴国库。

云南省楚雄州环保局环境监测站原站长廉昆华贪污受贿案

廉昆华，男，1957 年 11 月出生，汉族，大学本科学历，中共党员，原云南省楚雄州环保局环境监测站站长。

一、受贿罪

2006 年年初和 2009 年春，廉昆华利用职务便利，为武汉市天虹仪表有限责任公司在楚雄州环境监测站的气体监测设备、配件、耗材的采购中提供帮助，分别收受该公司云南销售处经理汪某贿送的存有人民币 7 000 元的银行卡一张和现金人民币 1.5 万元。

2008 年春，廉昆华利用职务便利，为北京市瑞多科技发展有限公司在国家环境监测能力建设项目设备采购过程中提供帮助，收受该公司总经理刘某贿送的现金人民币 8 万元。

2010 年 6 月，廉昆华利用职务便利，为楚雄市源泰矿业有限公司在该公司“姚安三木冶炼厂”设备验收监测中顺利通过验收提供帮助，收受该公司董事长李某贿送的现金人民币 5 000 元。

2012 年年初，廉昆华利用职务便利，为云南业胜有色金属提炼有限公司在楚雄州铬渣处理项目招标中能顺利中标提供帮助，收受该公司负责人李某贿送的现金人民币 5 000 元。

2013 年年初，廉昆华利用职务便利，为云南业胜有色金属提炼有限公司在楚雄州铬渣处理项目招标中能顺利中标以及为该公司在铬渣脱毒设备验收监测中能顺利通过验收提供帮助，收受该公司负责人李某贿送的现金人民币 5 000 元。

2008 年 6 月，廉昆华利用职务便利，为北京市骏超特种车辆及系统技术有限公司在国家环境监测能力建设项目设备采购过程中提供帮助，收受该公司工作人员王某通过银行转存人民币 10 万元。

二、贪污罪

2011 年 10 月至 2013 年 4 月，廉昆华伙同楚雄州环境监测站项目负责人王勇，先后两次从王勇负责经管的禄丰勤攀磷化工有限公司的环境监测项目监测费中贪污现金人民币共计 3 万元，每人各获赃款 1.5 万元。

三、私分国有资产罪

廉昆华、王勇、黎健在楚雄州环境监测站工作期间，利用职务之便，采取收取经营服务费收入不入账或少入账等方式进行截留，设置“小金库”并由个人管理。2014 年 4 月 12 日，经楚雄华振司法鉴定所鉴定，认定黎健经手“小金库”收入 100.998 万元，结存 5.915 4 万元，廉昆华与黎健私分“小金库”资金 90.206 6 万元。王勇经手“小金库”资金收入 72.1 万元，结存 4.496 785 万元，廉昆华与王勇私分“小金库”资金 64.603 215 万元。廉昆华伙同王勇、黎健私分国有资金 154.809 815 万元，廉昆华个人获款人民币 12.985 8 万元。

廉昆华在担任楚雄州环保局环境监测站站长期间，利用职务便利，先后 7 次收受他人贿送的现金人民币 21.7 万元，并为他人谋取利益，已构成受贿罪；廉昆华伙同王勇共同贪污本单位公款 3 万元，已构成贪污罪；廉昆华伙同王勇、黎健以单位名义将国有资产私分给个人，已构成私分国有资产罪。2014 年 10 月 29 日，云南省楚雄市人民法院以受贿罪、贪污罪、私分国有资产罪，判处廉昆华有期徒刑七年，处罚金人民币 5 万元；廉昆华非法所得赃款人民币 34.685 8 万元，依法予以没收。

案例点评

在查处的腐败案件中，“一把手”的比例高，说明“一把手”除私欲膨胀、法律意识淡薄外，对“一把手”的监督仍然是一个薄弱环节。古今中外的理论和实践都表明，腐败是权力滥用的结果，腐败也是权力过度集中的恶果。由于监督缺位、监督乏力，少数“一把手”习惯了凌驾于组织之上，凌驾于班子集体之上，李跃勋就是把“一把手”当成了“一手把”，利用担任云南省昆明市环科院院长的职位便利，采取侵吞、骗取手段，非法占有公款、私分国有资产。任何人都没有法律之外的绝对权力，任何人行使权力都必须为人民服务、对人民负责并自觉接受人民监督。从云南的李跃勋、廉昆华、胡代元犯罪情节和事实看，三人都有“利用职务便利”犯罪的共同点。健全权力运行制约和监督体系，让人民监督权力，让权力在阳光下运行，确保任何公职人员按照法定权限和程序行使权力，把权力关进制度的“笼子”里不能仅停留在纸面上，要落实到每一项工作和每一位公职人员具体实践中，才能从源头上防治腐败，避免权力被滥用。这个关口把好了，权力配置科学合理了，分权制约协调有效了，即使有人想腐败，即使腐败的动机再强烈，也会因为腐败的机会不足，有难以逾越的体制屏障和制度约束而无法得逞，从而使腐败发生的概率大大降低。

云南省普洱市镇沅县环保局原出纳郭春梅贪污案

郭春梅，女，哈尼族，1974 年 2 月出生，大学本科学历。1995 年 8 月至 1999 年 8 月在云南省普洱市镇沅县第二中学任教；1999 年 8 月起在镇沅县环保局工作，2001 年至案发前任出纳。

2008 年至 2013 年，郭春梅利用担任镇沅县环保局出纳的职务便利，采取涂改、添加单位领导在报销单据上已审签同意支付的金额，并加插虚增发票数，增大原报销金额的方式套取公款，共计人民币 26.111 万元，非法占为己有。

2008 年，郭春梅 10 次通过涂改报销单据金额、加插虚增发票的方式，将虚增的人民币共计 2.16 万元占为己有。2009 年，郭春梅 13 次通过涂改报销单据金额、加插虚增发票的方式将虚增的人民币共计 2.33 万元占为己有。2010 年，郭春梅 27 次通过涂改报销单据金额、加插虚增发票的方式，将虚增的人民币共计 3.446 万元占为己有。2011 年，郭春梅 19 次通过涂改报销单据金额、加插虚增发票的方式，将虚增的人民币共计5.017万元占为己有。2012年，郭春梅30次通过涂改报销单据金额、加插虚增发票的方式，将虚增的人民币共计8.618万元占为己有。2013年，郭春梅21次通过涂改报销单金额、加插虚增发票的方式，将虚增的人民币共计4.54万元占为己有。

2014年8月18日，镇沅县人民法院作出一审判决：以贪污罪判处郭春梅有期徒刑十一年，并处没收财产人民币10万元；追缴郭春梅贪污的人民币26.111万元，返还镇沅县环保局。2014年12月18日，普洱市中级人民法院作出终审判决：驳回上诉，维持原判。

2015年3月16日，镇沅彝族哈尼族拉祜族自治县监察局决定给予郭春梅开除公职处分。

案例点评

红军长征后，陈毅同志带领部分红军战士留在苏区坚持斗争。当时形势十分险恶，党的一些活动经费由几个人缠在腰里小心地保管着。后来打游击时，陈毅同志把队伍召集在一起，从腰上解下布袋，把金子全都倒在桌上，诚恳地说："同志们，这是党的钱，只有这么多，是准备在特殊情况下应急用的，党要我保管，我从来一个都没敢乱用。实行经济民主是红军的光荣传统，我有责任通知大家，万一我被敌人一枪打死了，尸首可以不要，钱无论如何要拿回来。"后来，陈毅同志还写过著名的诗句："莫伸手，伸手必被捉。党与人民在监督，万目睽睽难逃脱。"

战争年代无数先辈为保护公共财物，不惜牺牲个人生命；和平时期个别人为私吞公共财物，不惜违法犯罪。云南省普洱市镇沅县环保局出纳郭春梅从2001年至2013年案发一直担任出纳工作，她采取涂改、添加单位领导在报销单据上已审签同意支付的金额，并加插虚增发票数，增大原报销金额的方式套取公款，非法占为己有，知法犯法，说明她思想品德有问题的同时也反映出出纳岗位往往不被看作是重要岗位，而忽略监督制度落实的情况。《公务员法》规定："国家实行公务员交流制度"。对重要岗位关键环节，实行交流轮岗，保护的不仅是干部本身，也是保护国家的财物，郭春梅在出纳岗位一干就是十几年，直到事发。

要杜绝财务人员贪污犯罪，必须从加强内控做起，严格把好四关：一是教育管理关，加强财务人员教育和监督管理，防止思想滑坡，防止贪欲抬头，培养财务人员自觉抵御腐败的能力；二是人员交流轮岗，对分管财务领导、会记和出纳要定期或不定期交流轮岗，防止出现思维定势，严防财务人员内部互相监督的失职行为发生；三是检查审计关，严格财务审计和财务检查，严防检查走过场，及时发现问题，及时处理；四是惩处警示关，加大对财务人员违纪违法行为的打击力度，发现一起查处一起，召开案例通报会，教育警示他人。

第二篇

失职渎职行为

山西省长治市环境监察支队原支部书记赵俊翼玩忽职守案

赵俊翼，男，汉族，1963年11月出生，山西省长治市人，大学本科学历。1984年9月参加工作，1994年11月加入中国共产党，2002年11月任长治市环境监察支队专职支部书记（正科级），2012年8月起主持长治市环境监察支队工作。

2012年12月31日7时40分，山西潞安集团天脊煤化工集团股份有限公司方元公司工作人员发现储运车间罐区V602B苯胺储罐连接软管开裂，致使苯胺泄漏。因苯胺罐区围堰外雨水阀门、事故阀门关闭不严，泄漏的苯胺通过雨水阀门流入排洪渠，进而排入浊漳河造成下游污染。12月31日18时31分，赵俊翼接到关于方元公司苯胺泄漏的报告，将该情况向长治市环保局局长申某进行了汇报。长治市环保局启动突发环境事件应急预案，由长治市环境监察支队履行应急预案中应急处置小组的工作职责，由赵俊翼担任该小组负责人，但是赵俊翼未依据规定对该事件进行认真的现场调查及取证工作。2013 年 1 月 1 日，申某安排赵俊翼向长治市人民政府以书面形式报告此次突发事件。环境监察支队工作人员起草了《关于潞城市天脊煤化工集团股份有限公司发生苯胺泄漏事件情况的报告》，报告中引用天脊集团误报的 1 ～ 1.5 吨的泄漏量，且在监测结果已显示河流断面苯胺成分超标、污染物仍将顺流而下威胁下游用水安全的情况下，仍将此次突发环境事件初步定性为一般突发环境事件。赵俊翼没有对报告进行认真审核，即安排工作人员将其报至长治市政府应急值班室。

2013 年 1 月 3 日 15 时，长治市成立天脊集团“12•31”苯胺泄漏事故应急救援工作指挥部，赵俊翼被任命为指挥部办公室副主任。在 1 月 3 日污染物监测数据已发生重大变化、且未组织专家分析判断的情况下，赵俊翼仍在会议上汇报了将此事件定性为一般突发环境事件的理由，影响了对该事件的判断及处置。且未依据职责提出长治市人民政府应将该事件向下游毗邻省、市通报及应由长治市政府处置该事件的建议，造成区域环境污染。

赵俊翼身为环境监察支队支部书记（主持工作），在此次浊漳河污染事件中没有正确履行职责，存在严重失职、渎职行为。2013 年 10 月 31 日，长治市城区人民法院以玩忽职守罪作出一审判决。2014 年 10 月 17 日，长治市城区人民法院以玩忽职守罪作出终审判决，判处赵俊翼有期徒刑三年，缓刑三年。

案例点评

环境保护关系到千家万户的幸福，环境监察是环境保护工作的重要内容，也是保护环境的重要手段。环境监察工作人员的政治素养、道德品质、职业素质十分重要，而恪尽职守、尽职尽责就是对其最基本也是最重要的要求。赵俊翼作为长治市环境监察支队主持工作的负责人，在发生苯胺泄漏事故后，没有及时准确地判断事件性质，也没有依据职责提出相应处理建议，造成区域环境污染，使山西长治 28 个村、2 万多人受到影响，下游河北邯郸、河南安阳等地大面积停水，严重影响了人民群众生产生活。

在其位，就要谋其政；任其职，就要尽其责。怠于履责是失职，是违规，甚至是犯罪。2016 年 7 月起施行的《中国共产党问责条例》第六条第（一）项明确规定，党的领导弱化、党的理论和路线方针政策、党中央的决策部署没有得到有效贯彻落实，在推进经济建设、政治建设、文化建设、社会建设、生态文明建设中，或者在处置本地区本部门本单位发生的重大问题中领导不力，出现重大失误，给党的事业和人民利益造成严重损失，产生恶劣影响的，要予以问责。而渎职侵权犯罪和贪污受贿犯罪一样，都是腐败现象的突出表现。“贪污”损害一个单位集体，“渎职”却是危害整个社会民生。勤政为民，是党章党规的要求，更是法律的强制约束。手握党和人民赋予的权力，却不为人民办实事、办好事，不仅人民不会答应，亦为党规和法律所不允许。

浙江省绍兴市柯桥区环保局平水环保所原副所长赵荣失职渎职案

赵荣，男，1978年3月出生，汉族，大学本科学历，2011年4月，从部队转业至浙江省绍兴县环保局监察大队工作，2012年6月被任命为绍兴县环境监察大队城区中队中队长，2013年1月至案发前任绍兴市柯桥区环保局平水环保所副所长。

2011年上半年，位于平水环保所辖区内的浙江新海天生物科技有限公司开始试生产二甲基二烯丙基氯化胺产品，2012年6月正式投入生产。自2012年5月起，当地群众从排放废气、废水、倾倒废渣、散发刺激气味等多角度，多次对新海天生物科技有限公司向省、市、区三级环保部门进行举报，并引发数次群体性事件。作为主持平水环保所全面工作的赵荣先后参与了对新海天生物科技有限公司环境污染情况的检查、对群众信访事件的调查处理。针对群众的大量举报，在对新海天生物科技有限公司废水、固体废物处理等防污措施检查及环境监管中，赵荣虽能到现场进行检测、调查并提出部分整改措施、回复信访群众，但未能根据《绍兴市海天助剂制造有限公司迁址扩建项目环境影响报告书》及新海天生物科技有限公司生产状况等进行严格检查，在当地环保部门未建立处理污水管网的情况下，未对新海天生物科技有限公司如何处理废水、固废进行调查落实，对新海天生物科技有限公司危险废物委托处置协议书失效等重大环境污染隐患未向上级主管部门报告，未能进入产生废水的车间实地检查，未对仓库进出台账进行核准，未对群众举报的具体内容予以逐项调查落实；并在知道新海天生物科技有限公司生产过程中会产生废水与危险废物的情况下，轻信该公司“不会产生废水”等一面之词，致使未能发现新海天生物科技有限公司储存和偷排危险废水的情况。从而导致新海天生物科技有限公司于2013年5月底至6月初8天时间里共违法排放含有丙烯醛、二烯丙基醚等危险物质的废水约80吨，造成公私财产损失人民币共计89.274 05万元。

赵荣作为负有环境保护监督管理职责的国家机关工作人员，严重不负责任，导致发生重大环境污染事故，致使公共财产遭受重大损失，其行为已构成环境监管失职罪。2014年7月25日，浙江省绍兴市越城区人民法院以环境监管失职罪判处赵荣拘役六个月，缓刑十个月。

案例点评

党中央国务院高度重视环境保护工作。着眼于全面建成小康社会、实现社会主义现代化和中华民族伟大复兴，党的十八大报告对推进中国特色社会主义事业作出“五位一体”总体布局。把生态文明建设提到与经济建设、政治建设、文化建设、社会建设同样高度。为提高环保工作法制化水平，修订《环境保护法》，强化政府对环境质量的责任，要求对本行政区域的环境质量负责。为加大对企业违法处罚力度，环境保护部、公安部和最高人民检察院联合研究制定了《环境保护行政执法与刑事司法衔接工作办法》。

赵荣作为平水环保所的主要负责人，对辖区内企业违规排污造成的环境污染事件督查不力，对因此导致的社会群体事件反应不敏锐，以排污企业自己的说法代替严格的工作检查，造成公私财产损失，其行为构成失职。本案中，赵荣本人没有收受相关企业的贿赂，仍被追究法律责任，凸显对领导干部失职行为加大处罚力度。不能因为环保的专业属性忽视了环境保护的政治属性，以高度的政治责任感做好环保工作是对每一个环保人的基本要求。赵荣案向环保机关各级领导干部发出了强烈信号：必须忠实履行工作职责，依法做好环境保护工作，违法必查，失职必究！

湖北省黄石市环保局原副局长彭玉成环境监管失职、受贿案

彭玉成，男，1967年2月出生，汉族，大专学历，2004年5月至案发前任湖北省黄石市环保局副局长。

一、环境监管失职罪

2004年5月起，彭玉成担任黄石市环保局副局长，分管黄石市环境监察支队、黄石市固体废弃物监督管理和调剂处置中心、黄石市环境工程设计研究所、黄石市环境保护研究所等部门。2006年至2011年，金宝公司、银源公司在没有经环评验收与重新办理《危险废物许可证》的情况下，擅自扩大生产规模、违规超量处理危险废物、违反危险废物转移联单规定偷运或者多运危险废物；加利公司在没有办理《危险废物许可证》的情况下，违规处理危险废物，违反危险废物转移联单规定偷运危险废物。

在此期间，彭玉成通过到企业现场检查、收阅群众举报信件，

与企业股东吃饭聊天等途径得知上述三家企业的违法生产问题。彭玉成本应依职责督促环境监察支队立案查处，或督促阳新县环保局立案查处，或以工作联系函方式请阳新县政府进行查处。但他因顾忌自己与企业股东的不正当经济往来关系等原因，不认真履行职责，未采取有效措施对企业的违法生产行为予以制止，长期放纵企业违法处置危险废物，致使企业长期向周边居民区排放砷含量超标的废气，严重环境污染，造成49人砷中毒和86.315 9万元经济损失的严重后果。

二、受贿罪

2006年至2013年，彭玉成利用担任黄石市环保局副局长的职务便利，为他人谋取利益，收受他人财物价值共计人民币40.813 7万元。

例如，2010年至2013年，彭玉成利用职务之便，为石某持股的金宝公司谋取利益，先后多次收受石某价值共计5.942 8万元人民币的财物。

2011年至2013年，彭玉成利用职务之便，为程某所在的大冶市新冶特钢有限公司谋取利益，分别于2011年和2013年春节期间收受程某价值共计4 000元人民币的购物卡。

2006年至2013年，彭玉成利用职务之便，为李某持股的银源公司谋取利益，先后收受李某价值共计2.875万元的财物。

2010年至2013年，彭玉成利用职务之便，为柯某持股的银源公司谋取利益，先后收受柯某价值共计2.69万元的财物。

2010 年至 2013 年，彭玉成利用职务之便，为吴某持股的加利公司谋取利益，在每年春节前收受吴某 2 000 元人民币，4 年共计 8 000 元人民币。

2006 年至 2013 年，彭玉成利用职务之便，为胡某持股的大冶市经纬矿产品公司谋取利益，先后收受胡某价值共计 7.927 9 万元的财物。

2010 年至 2013 年，彭玉成利用职务之便，为徐某持股的大冶鹏贺矿业有限公司谋取利益，先后收受徐某价值共计 3 万元的财物。2011 年年初，彭玉成利用职务之便，为徐某的朋友陈某谋取利益，收受陈某 1 万元人民币。

2011 年至 2013 年，彭玉成利用职务之便，为黄石市环境保护研究所谋取利益，先后接受该研究所为其报销的费用共计 9 030 元人民币。

2014 年 11 月 29 日，黄石市下陆区人民法院以受贿罪、环境监管失职罪判处彭玉成有期徒刑六年六个月；对彭玉成违法所得人民币 40.813 7 万元予以追缴，上缴国库。

案例点评

有权必有责，有责要担当，失责必追究。彭玉成作为分管环境监察、固体废弃物监督管理的地方环保部门领导，为了一己私利，收受贿赂后，明知辖区内监管企业存在违法违规行为，不采取有效措施予以制止，导致 1.2 万人受到影响，其中尿砷超标患者 118 人、尿砷中毒患者 49 人，人民群众生命财产遭受重大损失，其行为已构成环境监管失职罪，应当受到法律的制裁。

2006年至2013年，不到8年时间，彭玉成多次收受他人财物，共计人民币40.8137万元。常言道“吃人嘴软，拿人手短”。从拿人好处的那刻起，监管的腰杆就挺不直了，认真履行党和国家赋予的职责更无从谈起。当前，随着人民群众温饱无虞、迈向小康，生态环境在群众生活幸福指数中的分量不断加重，对清新空气、清澈水质、安全食品、优美环境等生态产品的需求越来越迫切，生态环境问题已成为人民群众关心的突出问题。作为负有环境保护监督管理职责的国家机关工作人员，必须对党和人民赋予的权力心存敬畏，在各种诱惑面前把握住自己，守得住清贫、耐得住寂寞、稳得住心神、经得住考验，严守党纪国法，牢记规章制度，时时处处严格约束自己，扎扎实实履职尽责，以实际行动为推进生态文明、建设美丽中国作出贡献。

福建省龙岩市新罗区环保局原局长、党组副书记林文勇玩忽职守、受贿案

林文勇，男，1961 年 5 月出生，汉族，大专学历，2002 年 6 月至 2012 年 4 月，任龙岩市新罗区劳动和社会保障局局长、党组副书记；2012 年 4 月至案发前，任龙岩市新罗区环保局局长、党组副书记。

林文勇在担任龙岩市新罗区劳动和社会保障局局长、龙岩市新罗区环保局局长期间，不认真履行职责，徇私舞弊，最终导致一人死亡的严重后果，并造成恶劣社会影响；利用职务便利，为他人谋取利益，非法收受他人所送的贿赂款共计人民币 154.83 万元（其中向他人索取贿赂共计 118 万元），其行为已构成玩忽职守罪、受贿罪。

一、玩忽职守罪

2012 年以来，林文勇利用其担任新罗区环保局局长的职务便

利，多次收受辖区内多家环境污染企业或个人的财物或接受吃请，在明知福建省豪邦化工有限公司、龙岩正昇非金属材料有限公司等企业生产过程中存在着违反环评审批和“三同时”制度等环境污染问题的情况下，仍徇私舞弊，纵容上述企业的环境污染行为。

2012 年 9 月，福建省豪邦化工有限公司在其厂区范围内私设危险化学品强力胶生产线，未办理任何相关行政部门审批手续（包括环境影响评价文件审批、建设项目竣工环保设施验收等相关环保行政审批）。龙岩市新罗区环保局监察大队在对豪邦化工有限公司日常环境监察过程中，多次发现其私设强力胶生产线的事实，也多次将上述情况向林文勇汇报。林文勇因期间多次收受豪邦化工有限公司董事长林某、总经理林某共计人民币 52 万元现金和价值计 1.6 万元的购物卡，虽然明知此情，仍未按规定对豪邦化工有限公司违法生产强力胶行为予以制止、立案调查或提请人民法院强制执行；在发现豪邦化工有限公司存在其他行政执法部门监管的违法行为后，也未按照规定移送有权管辖行政监管部门处理，仅口头上告知豪邦化工有限公司自行停止私设危险化学品强力胶生产线的违法行为。林文勇徇私舞弊、严重不负责任的行为纵容和默许了豪邦化工有限公司私设危险化学品强力胶的违法行为，致使豪邦化工有限公司于 2014 年 5 月 3 日在运输其生产的危险化学品强力胶过程中，发生强力胶泄漏并燃烧，造成货车驾驶员成某死亡、两部货车及货物烧毁的严重后果。经闽西司法鉴定所鉴定，死者成某系因重度烧伤导致重度吸入性损伤、烧伤休克、代谢性酸中毒死亡。

二、受贿罪

2000 年至 2015 年，林文勇在龙岩市新罗区劳动和社会保障局、龙岩市新罗区环保局担任局长职务期间，利用主持新罗区劳动和社会保障局、新罗区环保局全盘工作的职务便利，非法收受他人贿赂共计人民币 154.83 万元。

例如，2012 年春节至 2014 年春节，福建省豪邦化工有限公司林某等人为得到林文勇在其企业环保方面的关照，多次送给林文勇现金或购物卡，价值共计 53.6 万元。

2013 年至 2014 年，龙岩正昇非金属材料有限公司苏某为感谢林文勇在其企业环保方面的关照，多次送给林文勇现金共计 18 万元。

2014 年春节，龙岩联农生物科技有限公司陈某为感谢林文勇对其企业申请环保补助金的关照，送给林文勇现金 5 000 元。2014 年 2 月 17 日，林文勇利用监管辖区内企业环境工作的职务便利，以借款为名，向陈某索要现金 10 万元，陈某为感谢林文勇对其公司的关照，送给林文勇 8 万元。

2016 年 6 月 16 日，福建省龙岩市新罗区人民法院以受贿罪、玩忽职守罪，判处林文勇有期徒刑八年两个月，并处罚金人民币 70 万元；没收林文勇所退赃款 46.8 万元，上缴国库；继续追缴林文勇赃款 108.03 万元，上缴国库。

案例点评

原福建省龙岩市新罗区环保局局长林文勇，多次收受辖区监管企业、个人财物或接受吃请，在明知企业存在违法违规行为的情况下，徇私舞弊，姑息纵容，导致一人死亡的严重后果，造成恶劣社会影响。2016年6月，龙岩市新罗区人民法院判处林文勇犯受贿罪有期徒刑七年两个月，犯玩忽职守罪有期徒刑一年六个月，总和刑期为有期徒刑八年八个月，决定执行刑罚有期徒刑八年两个月，并处罚金人民币70万元。

林文勇所犯受贿罪有一个主要特点，就是以借款的方式进行权钱交易。法院认定的154.83万元贿赂款中，118万元是林文勇向他人的借款，出具了借条。林文勇自作聪明，给自己违法乱纪行为找了一些堂而皇之的借口，自认为这种行为披上了合法的外衣。看起来冠冕堂皇，实则欲盖弥彰。法院对其提出的“借贷关系不构成索贿”的意见不予采纳，认为：“国家工作人员利用职务上的便利以借为名向他人索取财物，或者非法收受财物为他人谋取利益的，应当认定为受贿。林文勇向其监管对象借款，平时关系一般并无特殊经济往来，且出借方均有开公司企业或有利益请求，处于被监管或利益请求方地位，故应当认定林文勇与他们之间不属于平等主体间的民间借贷关系，应当认定为以借为名向他人索取财物的行为。”正可谓：“聪明反被聪明误”。作为一名党员干部，任何堂而皇之的外衣都掩盖不了违法乱纪的本质，最终都将受到党纪国法的制裁。

河南省环保厅规划财务处
原副处长李秋民滥用职权、受贿案

李秋民，男，1963 年 9 月出生，汉族，大学本科学历，原系河南省环保厅规划财务处副处长。

一、滥用职权罪

2006年，李秋民在担任河南省环保局污染控制处副处长期间，负责排污许可证的审核与发放，接受安阳县南固现造纸厂张某的请托，在明知南固现造纸厂已被政府明文关停的情况下，仍为该造纸厂负责人张某提供帮助。张某按照李秋民提供的方法将安阳县南固现造纸厂简单更名为安阳县新华造纸二厂，与另一家没有隶属关系的村办企业安阳市新华造纸厂一起验收。后李秋民违规为安阳市新华造纸厂和安阳县新华造纸二厂合办了排污许可证，许可证上的使用单位为安阳市新华造纸厂（含二厂），从而使已经被关停的安阳县南固现造纸厂得以继续生产，向河道和水渠排

放大量污水，并为张某在 2011 年申报淘汰落后产能奖励资金提供便利条件，进而导致张某通过提供排污许可证、纳税记录等虚假申报材料，骗取淘汰落后产能奖励资金 297 万元，给国家造成重大经济损失。

二、受贿罪

2003 年以来，李秋民在担任河南省环保局污染控制处工作人员、副处长、河南省环保厅规划财务处副处长期间，利用负责水污染治理核查、排污许可证审核与发放的职务便利，接受张某等人请托，为其在发放排污许可证等事项上提供帮助，非法收受他人给予的贿赂款共计人民币 51.6 万元。

例如，2006 年，李秋民利用职务便利，接受安阳县南固现造纸厂张某请托，违规为该造纸厂发放排污许可证，先后 3 次非法收受张某给予的贿赂款共计人民币 2.1 万元。

2006 年 1 月和 2006 年 9 月，李秋民利用职务便利，聘请张某为评审专家，为张某经营的公司介绍业务，先后两次向张某索取人民币共计 12 万元。

2006 年至 2008 年，李秋民利用职务便利，在新乡新亚纸业集团股份有限公司发放排污许可证等事项上提供帮助，先后 3 次非法收受该公司项目部部长王某给予的贿赂款共计人民币 1.3 万元。

2006 年至 2012 年，李秋民利用职务便利，在开封制药（集团）有限公司环保及水污染治理事项上提供帮助，先后 3 次非法收受该公司副总经理王某给予的贿赂款共计人民币3万元。

李秋民身为国家机关工作人员，滥用职权，致使公共财产、国家和人民利益遭受重大损失，情节特别严重；利用职务便利，非法收受他人财物以及索取他人财物，为他人谋取利益，其行为已构成滥用职权罪、受贿罪。2013年11月11日，河南省安阳市北关区人民法院以受贿罪、滥用职权罪判处李秋民有期徒刑十年六个月；赃款由收缴机关没收后上缴国库。

案例点评

《环境保护法》第四十五条规定："国家依照法律规定实行排污许可管理制度。实行排污许可管理的企业事业单位和其他生产经营者应当按照排污许可证的要求排放污染物；未取得排污许可证的，不得排放污染物。"环境资源具有一定的稀缺性、有限性，在特定的时空范围内，环境容量固定不变，环境污染直接导致他人对环境容量利用的缺乏，环境容量具有有限性，基于公益目的国家只能借助环境行政许可制度对环境资源进行保护，从而导致这种许可数量必须具有有限性。正是排污许可的稀缺性和有限性，使之成为炙手可热的资源，成为某些不法分子眼中的"摇钱树"，同时也成为环保系统腐败分子用来权钱交易的筹码。为了杜绝此类现象的发生，一方面要加强制度建设，规范排污许可证审批，对审批过程中的自由裁量空间进行约束，对风险点进行防控。另一方面要加强对党员干部的廉洁教育，珍惜来之不易的工作机会，做到秉公用权，清白做人。

第三篇

私分国有资产行为

浙江省丽水市环境监测中心站原站长陈军私分国有资产案

陈军，男，1962年10月出生，汉族，大学本科学历，案发前担任浙江省丽水市环保局自然生态处处长，2003年3月至2012年7月在丽水市环境监测中心站（丽水市科学环境研究所）担任站（所）长。

杜晓斌，男，1968年7月出生，汉族，大学本科学历，2003年3月至案发前担任丽水市环境监测中心站副站长、丽水市环境科学研究所副所长。

谢尉法，男，1965年5月出生，汉族，大学本科学历，2003年3月至案发前任丽水市环境监测中心站副站长。

吴雪芬，女，1968年1月出生，汉族，大学本科学历，2000年至2003年担任丽水市环境监测中心站出纳，2003年至案发前担任该站会计。

刘荣，女，1959年11月出生，汉族，大专学历，2003年至案发前担任丽水市环境监测中心站出纳。

2000 年开始，丽水市环境监测中心站将部分环境影响评价费和环境监测服务费以技术咨询服务费的名义收取后，并入下属的丽水市环境监测中心站职工技术协会账户，并将该账户内部分资金以各种名义分给该站全体干部职工。其发放资金的依据是浙江省职工技术协会在 1993 年发布了《浙江省职工技协财务与会计管理暂行规定》和丽水市总工会、丽水市地方税务局、丽水市发展计划委员会等六家单位在 2002 年 10 月发布了《关于进一步规范行政事业单位工会职工技协工作的通知》等文件，其中规定职工技协的收入可以作为酬劳费分配。2003 年 3 月，陈军担任站长后，仍决定按上述方式将部分环境影响评价费和环境监测服务费并入技协账户用于分配，并指使时任副站长的杜晓斌、谢尉法具体操作。杜晓斌、谢尉法选取部分环境影响评价业务、环境监测业务，让该业务经办人与对应的委托单位签订技术服务合同，再由时任出纳的刘荣在合同上加盖技协公章和开具“技术咨询服务费”发票，让委托单位将钱交入技协账户，最后将发票交由时任会计的吴雪芬入账。2009 年 5 月，浙江省总工会为了进一步加强对全省基层职工技协的组织管理，印发了《浙江省基层职工技协技术交易活动管理暂行办法》的通知，其中规定“基层职工技协必须严格执行有关财务管理制度”，但陈军在 2009 年 5 月至 2012 年 7 月，杜晓斌、谢尉法、吴雪芬、刘荣在 2009 年 1 月至 2013 年，仍将丽水市环境监测中心站职工技术协会账户中的资金以工资、奖金、酬劳费、补贴等名义发放给该站全体干部职工。

具体情况如下：

2009年5月至年底以支付工资、慰问费等名义发放27.256 8万元人民币；2010年以支付奖金、工资等名义分钱款共计人民币63.666万元；2011年以奖金、过节费等名义分钱款共计人民币41.3万元；2012年1月17日以补发人员工资名义发放25.533 5万元人民币；2013年2月4日以补发工资名义发放24.25万元人民币。

陈军于2009年5月至2012年7月担任站长，共决定发放157.756 3万元人民币，负直接主管责任；杜晓斌于2009年5月至2013年2月担任副站长期间，共参与决定发放182.006 3万元人民币，负直接责任；谢尉法于2009年5月至2013年2月担任副站长，共参与决定发放182.006 3万元人民币，负直接责任；吴雪芬于2009年至2013年2月担任会计，共参与发放182.006 3万元人民币；刘荣于2009年至2013年2月担任出纳，共参与发放182.006 3万元人民币。

陈军、杜晓斌、谢尉法、吴雪芬、刘荣分别作为直接负责的主管人员和直接责任人员，违反国家规定，以单位名义将国有资产集体私分给个人，数额巨大，其行为均已构成私分国有资产罪。2013年9月30日，浙江省丽水市莲都区人民法院作出判决：陈军犯私分国有资产罪，判处罚金人民币12万元；杜晓斌犯私分国有资产罪，免予刑事处罚；谢尉法犯私分国有资产罪，免予刑事处罚；吴雪芬犯私分国有资产罪，免予刑事处罚；刘荣犯私分国有资产罪，免予刑事处罚；涉案的违法所得继续追缴，上缴国库。

案例点评

环保系统所属企业虽然不算太多，可其所属的事业单位并不少，有些单位不但承担行政部门交给的任务，还开设了创收的业务，这些业务也能为单位带来可观的收入。对于这些收入应当如何认定、怎么处理，一些领导干部在认识上较为模糊，甚至是错误的，这是十分危险的，像本案例中陈军等人就在这方面栽了跟头。

环保系统所属事业单位的创收，与作为市场主体的企业的创收是有区别的。事业单位的创收主要还是依托其与行政部门之间的特殊关系，并非完全市场化竞争，同时还占用了国家的设备资源、人力资源等，所以事业单位的创收并不能像企业那样，随随便便拿来作为工资补贴或奖金发放，必须严格管理。可能一些地方为了提高干部职工的积极性，充分发挥每个人的智力和技术优势，规定了事业单位一些以智力和技术服务为主的创收项目可以用来提高干部职工的福利。

案例中陈军等人钻制度的空子，故意把环评和监测的收入变更成技术咨询服务费，以工资、奖金、酬劳费、补贴等名义发放给该站全体干部职工，这是坚决不允许的。正所谓“聪明反被聪明误”。在纪律和法律面前，还是当规规矩矩的老实人，任何耍小聪明的都只会自食苦果、得不偿失。

第四篇

其他刑事犯罪行为

广西壮族自治区环科院原职工黄河涛诈骗案

黄河涛，男，1967 年 10 月出生，壮族，大学本科学历，广西壮族自治区环境保护科学研究院原职工。

2014 年 8 月 21 日至 9 月 30 日，黄河涛谎称能够帮助广西宏鑫生物科技有限公司解决“一水硫酸锌”项目的审批问题，先以需要活动经费为由骗取该公司董事长陈某 17.9 万元，后又以项目需要押金为由骗取 30 万元，并向陈某出具了盖有其伪造的广西壮族自治区环科院公章的收据。后陈某经核实发现被骗，要求黄河涛退款，但黄河涛拒不退还。

2012 年 7 月至 2014 年 5 月，黄河涛谎称能够帮助南宁晨生送变电热镀锌有限公司办理环境影响评估报告，以需要收取评估保证金为由，先后两次骗取被害人梁某 32 万元，并向梁某出具了盖有其伪造的广西壮族自治区环科院公章的收据。后经追讨，黄河涛退给梁某 15 万元，余款拒不退还。

2010年6月至2014年9月，黄河涛谎称能够帮助被害人莫某购买到广西壮族自治区环科院的危旧房改造项目指标房，并伪造了“广西壮族自治区环科院危旧房改造项目认购非还建房定金交付协议”“关于危旧房改造非还建住房的预选通知”等文件，先后骗取莫某共计61.7万元，其中10.35万元转至黄河涛提供的广西壮族自治区环科院的旧房改造资金专户，黄河涛还向莫某出具了盖有其伪造的广西壮族自治区环科院公章的收据。后经莫某核实并无购买指标房，遂向黄河涛追讨款项，黄河涛无能力退还。

黄河涛以非法占有为目的，虚构事实、隐瞒真相，骗取多名被害人财物共计116.25万元，数额特别巨大，其行为已构成诈骗罪。2015年10月27日，广西壮族自治区南宁市青秀区人民法院以诈骗罪判处黄河涛有期徒刑十一年，并处罚金人民币5万元；退赔被害人陈某人民币47.9万元、退赔被害人梁某人民币17万、退赔被害人莫某人民币51.35万元。

案例点评

人的欲望之潮一旦漫过法律之堤，必被欲海吞噬。黄河涛利用其环科院职工的身份，以帮助解决项目审批、办理环评报告、购买环科院指标房等虚构事实，骗取他人财物116.25万元，被法院以诈骗罪判处有期徒刑11年，其行为不仅侵害了他人利益，也严重损害了环保工作人员的形象。

分析案件发生的原因，主观上是因为黄河涛贪图金钱，人生观和价值观发生错位，藐视党纪国法，最终触犯法律，自毁前程；

客观上也存在相关环保业务不够公开透明，企业不知如何办理，就想托关系走后门，被黄河涛钻了空子。黄河涛案件的发生，给我们敲响了警钟。各级党组织要加强对党员干部的思想教育，坚持不懈开展理想信念教育、法纪教育和警示教育，引导党员干部树立正确的世界观、人生观、价值观，遵纪守法，勤政廉洁；要时刻将党员干部置于组织的监督之下，对本单位不托底的人、不托底的事心中有数，能够及早发现问题，做到早提醒、早预防、早处置，对干部负责、对组织负责。各级环保机构要持续深化审批制度改革，进一步提升工作的公开透明度，切实规范权力，有效管住权力，编紧织密权力的“笼子”，让不法分子无空可钻。

甘肃省 ×× 县环保局原局长陶某强奸案

陶某，男，中共党员。2013年2月任甘肃省××县环保局局长。

2014 年 5 月 23 日上午，陶某放弃陪同省环保厅工作组检查任务，与物价局局长田某在未请示汇报相关领导、未与吴起县相关单位对接的情况下，以考察工作为由，带领环保局女职工郑某共同乘车私自前往吴起县城，午饭时大量饮酒，酒后陶、田二人扶郑某到宾馆休息。在田某离开宾馆房间后，陶某行为失范，欲强行与郑某发生性关系遭到郑某强烈反抗后未遂。

2015 年 1 月 23 日，陕西省吴起县人民法院作出初审判决，以强奸罪判处陶某有期徒刑八个月。

案例点评

中央纪委强调把纪律挺在前面，新修订的《中国共产党纪律处分条例》突出纪在法前、纪严于法，不管从理论或实践看，都具有很强的科学性和针对性。陶某的案例就是很好的例证。

陶某犯强奸罪（未遂），在构成违法之前就已经构成违纪。他分内的工作不履职，未请示报告私自出差，且中午大量饮酒，明显违反了工作纪律和中央八项规定精神。如果一切都在纪律的约束下，陶某就不能随意把郑某叫去一起出差，即使出了差也不敢大量饮酒，郑某也不会喝醉，陶某也不敢酒后乱性，那么陶某虽然对郑某有非分之想，也只能是内心罪恶的念头，不敢付诸行动，也不至于触碰法律的界限。

联想到许多腐败的案件，其实不就是同样的道理？如果党员干部能够严格遵守中央八项规定精神，不给那些别有用心的老板一起吃饭喝酒套近乎的机会，也就不会被步步围猎，最终落入圈套。“大风起于末萍”，防微杜渐、未雨绸缪才是应对之策。所以把纪律挺在前面，抓早抓小，绝不是凭空臆造出来的想法，而是从无数惨痛的教训中总结出来的金科玉律。

附录

附录一

中国共产党廉洁自律准则

中国共产党全体党员和各级党员领导干部必须坚定共产主义理想和中国特色社会主义信念，必须坚持全心全意为人民服务根本宗旨，必须继承发扬党的优良传统和作风，必须自觉培养高尚道德情操，努力弘扬中华民族传统美德，廉洁自律，接受监督，永葆党的先进性和纯洁性。

党员廉洁自律规范

第一条 坚持公私分明，先公后私，克己奉公。

第二条 坚持崇廉拒腐，清白做人，干净做事。

第三条 坚持尚俭戒奢，艰苦朴素，勤俭节约。

第四条 坚持吃苦在前，享受在后，甘于奉献。

党员领导干部廉洁自律规范

第五条 廉洁从政，自觉保持人民公仆本色。

第六条 廉洁用权，自觉维护人民根本利益。

第七条 廉洁修身，自觉提升思想道德境界。

第八条 廉洁齐家，自觉带头树立良好家风。

附录二

关于新形势下党内政治生活的若干准则

办好中国的事情，关键在党，关键在党要管党、从严治党。党要管党必须从党内政治生活管起，从严治党必须从党内政治生活严起。

开展严肃认真的党内政治生活，是我们党的优良传统和政治优势。在长期实践中，我们党坚持把开展严肃认真的党内政治生活作为党的建设重要任务来抓，形成了以实事求是、理论联系实际、密切联系群众、批评和自我批评、民主集中制、严明党的纪律等为主要内容的党内政治生活基本规范，为巩固党的团结和集中统一、保持党的先进性和纯洁性、增强党的生机活力积累了丰富经验，为保证完成党在各个历史时期中心任务发挥了重要作用。

一九八〇年，党的十一届五中全会深刻总结历史经验特别是“文化大革命”的教训，制定了《关于党内政治生活的若干准则》，为拨乱反正、恢复和健全党内政治生活、推进党的建设发挥了重要作用，其主要原则和规定今天依然适用，要继续坚持。

新形势下，党内政治生活状况总体是好的。同时，一个时期以来，党内政治生活中也出现了一些突出问题，主要是：在一些党员、干部包括高级干部中，理想信念不坚定、对党不忠诚、纪律松弛、脱离群众、独断专行、弄虚作假、庸懒无为，个人主义、分散主义、自由主义、好人主义、宗派主义、山头主义、拜金主义不同程度存在，形式主义、官僚主义、享乐主义和奢靡之风问题突出，任人唯亲、跑官要官、买官卖官、拉票贿选现象屡禁不止，滥用权力、贪污受贿、腐化堕落、违法乱纪等现象滋生蔓延。特别是高级干部中极少数人政治野心膨胀、权欲熏心，搞阳奉阴违、结党营私、团团伙伙、拉帮结派、谋取权位等政治阴谋活动。这些问题，严重侵蚀党的思想道德基础，严重破坏党的团结和集中统一，严重损害党内政治生态和党的形象，严重影响党和人民事业发展。这就要求我们必须继续以改革创新精神加强党的建设，加强和规范党内政治生活，全面提高党的建设科学化水平。

党的十八大以来，以习近平同志为核心的党中央身体力行、率先垂范，坚定推进全面从严治党，坚持思想建党和制度治党紧密结合，集中整饬党风，严厉惩治腐败，净化党内政治生态，党内政治生活展现新气象，赢得了党心民心，为开创党和国家事业新局面提供了重要保证。

历史经验表明，我们党作为马克思主义政党，必须旗帜鲜明讲政治，严肃认真开展党内政治生活。为更好进行具有许多新的历史特点的伟大斗争、推进党的建设新的伟大工程、推进中国特色社会主义伟大事业，经受“四大考验”、克服“四种危险”，有必要制定一部新形势下党内政治生活的准则。

新形势下加强和规范党内政治生活，必须以党章为根本遵循，坚持党的政治路线、思想路线、组织路线、群众路线，着力增强党内政治生活的政治性、时代性、原则性、战斗性，着力增强党自我净化、自我完善、自我革新、自我提高能力，着力提高党的领导水平和执政水平、增强拒腐防变和抵御风险能力，着力维护党中央权威、保证党的团结统一、保持党的先进性和纯洁性，努力在全党形成又有集中又有民主、又有纪律又有自由、又有统一意志又有个人心情舒畅生动活泼的政治局面。

新形势下加强和规范党内政治生活，重点是各级领导机关和领导干部，关键是高级干部特别是中央委员会、中央政治局、中央政治局常务委员会的组成人员。高级干部特别是中央领导层组成人员必须以身作则，模范遵守党章党规，严守党的政治纪律和政治规矩，坚持不忘初心、继续前进，坚持率先垂范、以上率下，为全党全社会作出示范。

一、坚定理想信念

共产主义远大理想和中国特色社会主义共同理想，是中国共产党人的精神支柱和政治灵魂，也是保持党的团结统一的思想基础。必须高度重视思想政治建设，把坚定理想信念作为开展党内政治生活的首要任务。

理想信念动摇是最危险的动摇，理想信念滑坡是最危险的滑坡。全党同志必须把对马克思主义的信仰、对社会主义和共产主义的信念作为毕生追求，在改造客观世界的同时不断改造主观世界，解决好世界观、人生观、价值观这个“总开关”问题，不断增强政治定力，自觉成为共产主义远大理想和中国特色社会主义共同理想的坚定信仰者和忠实实践者；必须坚定对中国特色社会主义的道路自信、理论自信、制度自信、文化自信。领导干部特别是高级干部要以实际行动让党员和群众感受到理想信念的强大力量。

全体党员必须永远保持建党时中国共产党人的奋斗精神，把理想信念的坚定性体现在做好本职工作的过程中，自觉为推进中国特色社会主义事业而苦干实干，在胜利时和顺境中不骄傲不自满，在困难时和逆境中不消沉不动摇，经受住各种赞誉和诱惑考验，经受住各种风险和挑战考验，永葆共产党人政治本色。

坚定理想信念，必须加强学习。思想理论上的坚定清醒是政治上坚定的前提。全党必须毫不动摇坚持马克思主义指导思想，党的各级组织必须坚持不懈抓好理论武装，广大党员、干部特别是高级干部必须自觉抓好学习、增强党性修养。把马克思主义理论作为必修课，认真学习马克思列宁主义、毛泽东思想、邓小平理论、“三个代表”重要思想、科学发展观，认真学习习近平总书记系列重要讲话精神，认真学习党章党规，不断提高马克思主义思想觉悟和理论水平。系统掌握马克思主义基本原理，学会用马克思主义立场、观点、方法观察问题、分析问题、解决问题，特别是要聚焦现实问题，不断深化对共产党执政规律、社会主义建设规律、人类社会发展规律的认识。适应时代进步和事业发展要求，广泛学习经济、政治、文化、社会、生态文明以及哲学、历史、法律、科技、国防、国际等各方面知识，提高战略思维、创新思维、辩证思维、法治思维、底线思维能力，提高领导能力专业化水平。

坚持和创新党内学习制度。以党委（党组）中心组学习等制度为主要抓手，各级党组织要定期开展集体学习。党员、干部每年要完成规定的学习任务，领导干部要定期参加党校学习。坚持开展党内集中学习教育。各级党组织要加强督促检查，把学习情况作为领导班子和领导干部考核的重要内容。坚持中央领导同志作专题报告制度。健全党内重大思想理论问题分析研究和情况通报制度，强化互联网思想理论引导，把深层次思想理论问题讲清楚，帮助党员、干部站稳政治立场，分清是非界限，坚决抵制错误思想侵蚀。

二、坚持党的基本路线

党在社会主义初级阶段的基本路线是党和国家的生命线、人民的幸福线，也是党内政治生活正常开展的根本保证。必须全面贯彻执行党的基本路线，把以经济建设为中心同坚持四项基本原则、坚持改革开放这两个基本点统一于中国特色社会主义伟大实践，任何时候都不能有丝毫偏离和动摇。

全党必须毫不动摇坚持以经济建设为中心，聚精会神抓好发展这个党执政兴国的第一要务，坚持以人民为中心的发展思想，统筹推进“五位一体”总体布局和协调推进“四个全面”战略布局，坚持创新、协调、绿色、开放、共享的发展理念，努力提高发展质量和效益，不断提高人民生活水平，为实现“两个一百年”奋斗目标、实现中华民族伟大复兴的中国梦打下坚实物质基础。

全党必须毫不动摇坚持四项基本原则，根本是坚持党的领导，坚持中国特色社会主义道路、中国特色社会主义理论体系、中国特色社会主义制度、中国特色社会主义文化，做到头脑清醒、立场坚定，矢志不移坚持和发展中国特色社会主义。

全党必须毫不动摇坚持改革开放，发挥群众首创精神，勇于自我革命，勇于推进理论创新、实践创新、制度创新、文化创新以及其他各方面创新，坚定不移实施对外开放基本国策，决不能安于现状、墨守成规。新形势下，党领导人民全面深化改革，是为了推动中国特色社会主义制度自我完善和发展，推进国家治理体系和治理能力现代化，既不走封闭僵化的老路、也不走改旗易帜的邪路。

全党必须把坚持党的思想路线贯穿于执行党的基本路线全过程，坚持解放思想、实事求是、与时俱进、求真务实，坚持理论联系实际，一切从实际出发，在实践中检验真理和发展真理，既反对各种否定马克思主义的错误倾向，又破除对马克思主义的教条式理解。坚持从我国仍处于并将长期处于社会主义初级阶段这个基本国情出发，不断研究新情况、总结新经验、解决新问题，不断推进马克思主义中国化。

全党必须坚决捍卫党的基本路线，对否定党的领导、否定我国社会主义制度、否定改革开放的言行，对歪曲、丑化、否定中国特色社会主义的言行，对歪曲、丑化、否定党的历史、中华人民共和国历史、人民军队历史的言行，对歪曲、丑化、否定党的领袖和英雄模范的言行，对一切违背、歪曲、否定党的基本路线的言行，必须旗帜鲜明反对和抵制。

考察识别干部特别是高级干部必须首先看是否坚定不移贯彻党的基本路线。党员、干部特别是高级干部在大是大非面前不能态度暧昧，不能动摇基本政治立场，不能被错误言论所左右。当人民利益受到损害、党和国家形象受到破坏、党的执政地位受到威胁时，要挺身而出、亮明态度，主动坚决开展斗争。对在大是大非问题上没有立场、没有态度、无动于衷、置身事外，在错误言行面前不抵制、不斗争，明哲保身、当老好人等政治不合格的坚决不用，已在领导岗位的要坚决调整，情节严重的要严肃处理。

三、坚决维护党中央权威

坚决维护党中央权威、保证全党令行禁止，是党和国家前途命运所系，是全国各族人民根本利益所在，也是加强和规范党内政治生活的重要目的。必须坚持党员个人服从党的组织，少数服从多数，下级组织服从上级组织，全党各个组织和全体党员服从党的全国代表大会和中央委员会，核心是全党各个组织和全体党员服从党的全国代表大会和中央委员会。

坚持党的领导，首先是坚持党中央的集中统一领导。一个国家、一个政党，领导核心至关重要。全党必须牢固树立政治意识、大局意识、核心意识、看齐意识，自觉在思想上政治上行动上同党中央保持高度一致。党的各级组织、全体党员特别是高级干部都要向党中央看齐，向党的理论和路线方针政策看齐，向党中央决策部署看齐，做到党中央提倡的坚决响应、党中央决定的坚决执行、党中央禁止的坚决不做。

涉及全党全国性的重大方针政策问题，只有党中央有权作出决定和解释。各部门各地方党组织和党员领导干部可以向党中央提出建议，但不得擅自作出决定和对外发表主张。对党中央作出的决议和制定的政策如有不同意见，在坚决执行的前提下，可以向党组织提出保留意见，也可以按组织程序把自己的意见向党的上级组织直至党中央提出。

全党必须自觉服从党中央领导。全国人大、国务院、全国政协，中央纪律检查委员会，最高人民法院、最高人民检察院，中央和国家机关各部门，人民军队，各人民团体，各地方，各企事业单位、社会组织，其党组织都要不折不扣执行党中央决策部署。

全党必须严格执行重大问题请示报告制度。全国人大常委会、国务院、全国政协，中央纪律检查委员会，最高人民法院、最高人民检察院，中央和国家机关各部门，各人民团体，各省、自治区、直辖市，其党组织要定期向党中央报告工作。研究涉及全局的重大事项或作出重大决定要及时向党中央请示报告，执行党中央重要决定的情况要专题报告。遇有突发性重大问题和工作中重大问题要及时向党中央请示报告，情况紧急必须临机处置的，要尽职尽力做好工作，并迅速报告。

省、自治区、直辖市党委在党中央领导下开展工作，同级各个组织中的党组织和领导干部要自觉接受同级党委领导、向同级党委负责，重大事项和重要情况及时向同级党委请示报告。

全党必须自觉防止和反对个人主义、分散主义、自由主义、本位主义。对党中央决策部署，任何党组织和任何党员都不准合意的执行、不合意的不执行，不准先斩后奏，更不准口是心非、阳奉阴违。属于部门和地方职权范围内的工作部署，要以贯彻党中央决策部署为前提，发挥积极性、主动性、创造性，但决不允许自行其是、各自为政，决不允许有令不行、有禁不止，决不允许搞上有政策、下有对策。

四、严明党的政治纪律

纪律严明是全党统一意志、统一行动、步调一致前进的重要保障，是党内政治生活的重要内容。必须严明党的纪律，把纪律挺在前面，用铁的纪律从严治党。

坚持纪律面前一律平等，遵守纪律没有特权，执行纪律没有例外，党内决不允许存在不受纪律约束的特殊组织和特殊党员。每一个党员对党的纪律都要心存敬畏、严格遵守，任何时候任何情况下都不能违反党的纪律。党的各级组织和全体党员要坚决同一切违反党的纪律的行为作斗争。

政治纪律是党最根本、最重要的纪律，遵守党的政治纪律是遵守党的全部纪律的基础。全党特别是高级干部必须严格遵守党的政治纪律和政治规矩。党员不准散布违背党的理论和路线方针政策的言论，不准公开发表违背党中央决定的言论，不准泄露党和国家秘密，不准参与非法组织和非法活动，不准制造、传播政治谣言及丑化党和国家形象的言论。党员不准搞封建迷信，不准信仰宗教，不准参与邪教，不准纵容和支持宗教极端势力、民族分裂势力、暴力恐怖势力及其活动。

党员、干部特别是高级干部不准在党内搞小山头、小圈子、小团伙，严禁在党内拉私人关系、培植个人势力、结成利益集团。对那些投机取巧、拉帮结派、搞团团伙伙的人，要严格防范，依纪依规处理。坚决防止野心家、阴谋家窃取党和国家权力。

党的各级组织和全体党员必须对党忠诚老实、光明磊落，说老实话、办老实事、做老实人，如实向党反映和报告情况，反对搞两面派、做“两面人”，反对弄虚作假、虚报浮夸，反对隐瞒实情、报喜不报忧。领导机关和领导干部不准以任何理由和名义纵容、唆使、暗示或强迫下级说假话。凡因弄虚作假、隐瞒实情给党和人民事业造成重大损失的，凡因弄虚作假、隐瞒实情骗取荣誉、地位、奖励或其他利益的，凡因纵容、唆使、暗示或强迫下级弄虚作假、隐瞒实情的，都要依纪依规严肃问责追责。对坚持原则、敢于说真话的同志，要给予支持、保护、鼓励。

党内不准搞拉拉扯扯、吹吹拍拍、阿谀奉承。对领导人的宣传要实事求是，禁止吹捧，禁止给领导人祝寿、送礼、发致敬函电，禁止在领导干部国内考察工作时组织迎送、张贴标语、敲锣打鼓、铺红地毯、举行宴会等。

党的各级组织必须担负起执行和维护政治纪律和政治规矩的

责任，对违反政治纪律的行为要坚决批评制止，不能听之任之。党的各级组织和纪律检查机关要加强纪律执行情况的监督和检查，坚决防止和纠正执行纪律宽松软的问题。

五、保持党同人民群众的血肉联系

人民立场是党的根本政治立场，人民群众是党的力量源泉。我们党来自人民，失去人民拥护和支持，党就会失去根基。必须把坚持全心全意为人民服务的根本宗旨、保持党同人民群众的血肉联系作为加强和规范党内政治生活的根本要求。

全党必须牢固树立人民群众是历史创造者的历史唯物主义观点，站稳群众立场，增进群众感情。党的各级组织、全体党员特别是各级领导机关和领导干部要贯彻党的群众路线，做到一切为了群众，一切依靠群众，从群众中来，到群众中去，为群众办实事、解难事，当好人民公仆。坚持问政于民、问需于民、问计于民，决不允许在群众面前自以为是、盛气凌人，决不允许当官做老爷、漠视群众疾苦，更不允许欺压群众、损害和侵占群众利益。改进和创新联系群众方法，建立和完善民意调查等制度，利用传统媒体和互联网等各种渠道了解社情民意，倾听群众呼声，密切党群干群关系，把对上负责和对下负责一致起来，着力实现好、维护好、发展好最广大人民根本利益。

全党必须坚决反对形式主义、官僚主义、享乐主义和奢靡之风，领导干部特别是高级干部要以身作则。反对形式主义，重在解决作风飘浮、工作不实，文山会海、表面文章，贪图虚名、弄虚作假等问题。反对官僚主义，重在解决脱离实际、脱离群众，消极应付、推诿扯皮，作风霸道、迷恋特权等问题。反对享乐主义，重在解决追名逐利、贪图享受，讲究排场、玩物丧志等问题。反对奢靡之风，重在解决铺张浪费、挥霍无度，骄奢淫逸、腐化堕落等问题。坚持抓常、抓细、抓长，特别是要防范和查处各种隐性、变异的“四风”问题，把落实中央八项规定精神常态化、长效化。

党的各级组织、全体党员特别是领导干部必须提高做群众工作能力，既服务群众又带领群众坚定不移贯彻落实党的理论和路线方针政策，把党的主张变为群众的自觉行动，引领群众听党话、跟党走。坚决反对命令主义，坚决反对“尾巴主义”，不允许为了个人政绩、选票和形象脱离实际随意决策、随便许愿。

坚持领导干部调查研究、定期接待群众来访、同干部群众谈心、群众满意度测评等制度。各级领导干部必须深入实际、深入基层、深入群众，多到条件艰苦、情况复杂、矛盾突出的地方解决问题，千方百计为群众排忧解难。领导干部下基层要接地气，轻车简从，了解实情，督查落实，解决问题，坚决反对作秀、哗众取宠。对一切搞劳民伤财的“形象工程”和“政绩工程”的行为，要严肃问责追责，依纪依法处理。在应对重大安全事件、重大突发事件、重大自然灾害事件等事件中，领导干部必须深入一线、靠前指挥，及时协调解决突出问题，及时回应社会关切。

党员、干部必须顾全大局，自觉维护社会和谐稳定，遇到涉及自身利益和局部利益的问题应该通过正常渠道向上级反映，积极主动做好化解社会矛盾、防控社会风险工作，不准组织、参与、纵容扰乱社会秩序的非法活动。

六、坚持民主集中制原则

民主集中制是党的根本组织原则，是党内政治生活正常开展的重要制度保障。坚持集体领导制度，实行集体领导和个人分工负责相结合，是民主集中制的重要组成部分，必须始终坚持，任何组织和个人在任何情况下都不允许以任何理由违反这项制度。

各级党委（党组）必须坚持集体领导制度。凡属重大问题，要按照集体领导、民主集中、个别酝酿、会议决定的原则，由集体讨论、按少数服从多数作出决定，不允许用其他形式取代党委及其常委会（或党组）的领导。落实党委常委会（或党组）议事规则和决策程序，健全常委会向全委会定期报告工作并接受监督制度，坚决反对和防止独断专行或各自为政，坚决反对和防止议而不决、决而不行、行而不实，坚决反对和防止以党委集体决策名义集体违规。各级党委（党组）要善于观大势、抓大事、管全局，及时发现和解决矛盾和难题，不上推下卸，不留后遗症。建立上级组织在作出同下级组织有关重要决策前征求下级组织意见的制度。

领导班子成员必须增强全局观念和责任意识，在研究工作时充分发表意见，决策形成后一抓到底，不得违背集体决定自作主张、自行其是。坚决反对和纠正当面不说、背后乱说，会上不说、会后乱说，当面一套、背后一套等错误言行。坚持讲原则、讲规矩，共同维护坚持党性原则基础上的团结。

党委（党组）主要负责同志必须发扬民主、善于集中、敢于担责。在研究讨论问题时要把自己当成班子中平等的一员，充分发扬民主，严格按程序决策、按规矩办事，注意听取不同意见，正确对待少数人意见，不能搞一言堂甚至家长制。支持班子成员在职责范围内独立负责开展工作，坚决防止和克服名为集体领导、实际上个人或少数人说了算，坚决防止和克服名为集体负责、实际上无人负责。

领导班子成员必须坚决执行党组织决定，如有不同意见，可以保留或向上一级党组织提出，但在上级或本级党组织改变决定以前，除执行决定会立即引起严重后果等紧急情况外，必须无条件执行已作出的决定。

领导班子成员分工按规定向上级党委报备，无正当理由、未向上级党委报备不得调整。领导干部要自觉服从组织分工安排，任何人都不能向组织讨价还价、不服从组织安排。领导干部不准把分管工作、分管领域和地方当作“私人领地”，不准搞独断专行。

在党的工作和活动中，该以组织名义出面不能以个人名义出面，该由集体研究不能个人擅自表态，不允许用个人主张代替党组织的主张、用个人决定代替党组织的决定。

七、发扬党内民主和保障党员权利

党内民主是党的生命，是党内政治生活积极健康的重要基础。要坚持和完善党内民主各项制度，提高党内民主质量，党内决策、执行、监督等工作必须执行党章党规确定的民主原则和程序，任何党组织和个人都不得压制党内民主、破坏党内民主。

中央委员会、中央政治局、中央政治局常务委员会和党的各级委员会作出重大决策部署，必须深入开展调查研究，广泛听取各方面意见和建议，凝聚智慧和力量，做到科学决策、民主决策、依法决策。

必须尊重党员主体地位、保障党员民主权利，落实党员知情权、参与权、选举权、监督权，保障全体党员平等享有党章规定的党员权利、履行党章规定的党员义务，坚持党内民主平等的同志关系，党内一律称同志。任何党组织和党员不得侵害党员民主权利。

畅通党员参与讨论党内事务的途径，拓宽党员表达意见渠道，营造党内民主讨论的政治氛围。健全党内重大决策论证评估和征求意见等制度。党的各级组织对重大决策和重大问题应该采取多种方式征求党员意见，党员有权在党的会议上发表不同意见，对党的决议和政策如有不同意见，在坚决执行的前提下，可以声明保留，并且可以把自己的意见向党的上级组织直至党中央提出。推进党务公开，发展和用好党务公开新形式，使党员更好了解和参与党内事务。

党内选举必须体现选举人意志，规范和完善选举制度规则。党的任何组织和个人不得以任何方式妨碍选举人依照规定自主行使选举权，坚决反对和防止侵犯党员选举权和被选举权的现象，坚决防止和查处拉票贿选等行为。

坚持党的代表大会制度。未经批准不得提前或延期召开党的代表大会。落实党代表大会代表任期制，实行代表提案制，健全代表参与重大决策、参加重要干部推荐和民主评议、列席党委有关会议、联系党员群众等制度。更好发挥党的地方各级委员会及委员作用。健全党内情况通报制度、情况反映制度，畅通党员表达意见、要求撤换不称职基层党组织领导班子成员的渠道。按期进行党的基层委员会、总支部和支部委员会换届。

党员有权向党负责地揭发、检举党的任何组织和任何党员违纪违法的事实，提倡实名举报。党员有权在党的会议上有根据地批评党的任何组织和任何党员。党组织既要严肃处理对举报者的歧视、刁难、压制行为特别是打击报复行为，又要严肃追查处理诬告陷害行为。对受到诽谤、诬告、严重失实举报的党员，党组织要及时为其澄清和正名。要保障党员申辩、申诉等权利。对执纪中的过错或违纪行为，要依规及时纠正、消除影响并追究有关组织和人员的责任。

八、坚持正确选人用人导向

坚持正确选人用人导向，是严肃党内政治生活的组织保证。必须严格标准、健全制度、完善政策、规范程序，使选出来的干部组织放心、群众满意、干部服气。

选拔任用干部必须坚持党章规定的干部条件，坚持德才兼备、以德为先，坚持五湖四海、任人唯贤，坚持信念坚定、为民服务、勤政务实、敢于担当、清正廉洁的好干部标准。把公道正派作为干部工作核心理念贯穿选人用人全过程，做到公道对待干部、公平评价干部、公正使用干部。

选人用人必须强化党组织的领导和把关作用，落实干部选拔任用工作纪实制度，确保每个环节都规范操作。组织部门要严格按政策、原则、制度办事，实事求是考察评价干部，敢于为干部说公道话，敢于抵制选人用人中的违规行为，形成能者上、庸者下、劣者汰的选人用人导向。加强选人用人监督问责，对用人失察失误的严肃追究责任。

党的各级组织必须自觉防范和纠正用人上的不正之风和种种偏向。坚决禁止跑官要官、买官卖官、拉票贿选等行为，坚决禁止向党伸手要职务、要名誉、要待遇行为，坚决禁止向党组织讨价还价、不服从组织决定的行为。坚决纠正唯票、唯分、唯生产总值、唯年龄等取人偏向，坚决克服由少数人在少数人中选人的倾向。领导干部要带头执行党的干部政策，不准任人唯亲、搞亲亲疏疏，不准封官许愿、跑风漏气、收买人心，不准个人为干部提拔任用打招呼、递条子。领导干部不得干预曾经工作生活过的地方、曾经工作过的单位和不属于自己分管领域的干部选拔任用工作，有关地方和单位党组织要抵制这种违反党的组织原则的行为。

任何人都不准把党的干部当作私有财产，党内不准搞人身依附关系。领导干部特别是高级干部不能搞家长制，要求别人唯命是从，特别是不能要求下级办违反党纪国法的事情；下级应该抵制上级领导干部的这种要求并向更上级党组织直至党中央报告，不应该对上级领导干部无原则服从。规范和纯洁党内同志交往，领导干部对党员不能颐指气使，党员对领导干部不能阿谀奉承。

干部是党的宝贵财富，必须既严格教育、严格管理、严格监督，又在政治上、思想上、工作上、生活上真诚关爱，鼓励干部干事创业、大胆作为。

建立容错纠错机制，宽容干部在工作中特别是改革创新中的失误。坚持惩前毖后、治病救人，正确对待犯错误的干部，帮助其认识和改正错误。不得混淆干部所犯错误性质或夸大错误程度对干部作出不适当的处理，不得利用干部所犯错误泄私愤、打击报复。

党的各级组织和领导干部必须牢记空谈误国、实干兴邦，践行正确政绩观，发扬钉钉子精神，力戒空谈，察实情、出实招、办实事、求实效，做到守土尽责。各级领导干部要无私无畏，做到面对矛盾敢于迎难而上，面对危险敢于挺身而出，面对失误敢于承担责任。党的各级组织要旗帜鲜明为敢于担当的干部担当，为敢于负责的干部负责。对不担当、不作为、敷衍塞责的干部要严肃批评，必要时给予组织处理或党纪处分；对失职渎职的要严肃问责，造成严重后果的要严肃追责，依纪依法处理。

九、严格党的组织生活制度

党的组织生活是党内政治生活的重要内容和载体，是党组织对党员进行教育管理监督的重要形式。必须坚持党的组织生活各项制度，创新方式方法，增强党的组织生活活力。

全体党员、干部特别是高级干部必须增强党的意识，时刻牢记自己第一身份是党员。任何党员都不能游离于党的组织之外，更不能凌驾于党的组织之上。每个党员无论职务高低，都要参加党的组织生活。党组织要严格执行组织生活制度，确保党的组织生活经常、认真、严肃。

坚持“三会一课”制度。党员必须参加党员大会、党小组会和上党课，党支部要定期召开支部委员会会议。“三会一课”要突出政治学习和教育，突出党性锻炼，坚决防止表面化、形式化、娱乐化、庸俗化。领导干部要以普通党员身份参加所在党支部或党小组的组织生活，坚持党员领导干部讲党课制度。每个党员都要按规定自觉交纳党费，党费使用和管理要公开透明。

坚持民主生活会和组织生活会制度。会前要广泛听取意见、深入谈心交心，会上要认真查摆问题、深刻剖析根源、明确整改方向，会后要逐一整改落实。上级党组织领导班子成员定期、随机参加下级党组织领导班子民主生活会和组织生活会，发现问题及时纠正。中央政治局带头开好民主生活会。

坚持谈心谈话制度。党组织领导班子成员之间、班子成员和党员之间、党员和党员之间要开展经常性的谈心谈话，坦诚相见，交流思想，交换意见。领导干部要带头谈，也要接受党员、干部约谈。

坚持对党员进行民主评议。督促党员对照党章规定的党员标准、对照入党誓词、联系个人实际进行党性分析，强化党员意识、增强党的观念、提高党性修养。对党性不强的党员，及时进行批评教育，限期改正；经教育仍无转变的，应劝其退党或除名。

领导干部必须强化组织观念，工作中重大问题和个人有关事项必须按规定按程序向组织请示报告，离开岗位或工作所在地要事先向组织请示报告。对无正当理由不按时报告、不如实报告或隐瞒不报的，要严肃处理。

十、开展批评和自我批评

批评和自我批评是我们党强身治病、保持肌体健康的锐利武器，也是加强和规范党内政治生活的重要手段。必须坚持不懈把批评和自我批评这个武器用好。

批评和自我批评必须坚持实事求是，讲党性不讲私情、讲真理不讲面子，坚持“团结——批评——团结”，按照“照镜子、正衣冠、洗洗澡、治治病”的要求，严肃认真提意见，满腔热情帮同志，决不能把自我批评变成自我表扬、把相互批评变成相互吹捧。

党员、干部必须严于自我解剖，对发现的问题要深入剖析原因，认真整改。对待批评要有则改之、无则加勉，不能搞无原则的纷争。

批评必须出于公心，不主观武断，不发泄私愤。坚决反对事不关己、高高挂起，明知不对、少说为佳的庸俗哲学和好人主义，坚决克服文过饰非、知错不改等错误倾向。

党的领导机关和领导干部对各种不同意见都必须听取，鼓励下级反映真实情况。党内工作会议的报告、讲话以及各类工作总结，上级机关和领导干部检查指导工作，既要讲成绩和经验，又要讲问题和不足；既要注重解决问题，又要从问题中反思自身工作和领导责任。

领导干部特别是高级干部必须带头从谏如流、敢于直言，以批评和自我批评的示范行动引导党员、干部打消自我批评怕丢面子、批评上级怕穿小鞋、批评同级怕伤和气、批评下级怕丢选票等思想顾虑。把发现和解决自身问题的能力作为考核评价领导班子的重要依据。

十一、加强对权力运行的制约和监督

监督是权力正确运行的根本保证，是加强和规范党内政治生活的重要举措。必须加强对领导干部的监督，党内不允许有不受制约的权力，也不允许有不受监督的特殊党员。

完善权力运行制约和监督机制，形成有权必有责、用权必担责、滥权必追责的制度安排。实行权力清单制度，公开权力运行过程和结果，健全不当用权问责机制，把权力关进制度笼子，让权力在阳光下运行。

党的各级组织和领导干部必须在宪法法律范围内活动，增强法治意识、弘扬法治精神，自觉按法定权限、规则、程序办事，决不能以言代法、以权压法、徇私枉法，决不能违规干预司法。

营造党内民主监督环境，畅通党内民主监督渠道。党的各级组织和全体党员要增强监督意识，既履行监督责任，又接受各方面监督。

党内监督必须突出党的领导机关和领导干部特别是主要领导

干部。领导干部要正确对待监督，主动接受监督，习惯在监督下开展工作，决不能拒绝监督、逃避监督。

领导干部特别是高级干部必须加强自律、慎独慎微，自觉检查和及时纠正在行使权力、廉政勤政方面存在的问题，做到可以行使的权力按规则正确行使，该由上级组织行使的权力下级组织不能行使，该由领导班子集体行使的权力班子成员个人不能擅自行使，不该由自己行使的权力决不能行使。

对涉及违纪违法行为的举报，对党员反映的问题，任何党组织和领导干部都不准隐瞒不报、拖延不办。涉及所反映问题的领导干部应该回避，不准干预或插手组织调查。

党员、干部反映他人的问题，应该出于党性，通过党内正常渠道实名进行，不准散布小道消息，不准散发匿名信，不准诬告陷害等。对通过正常渠道反映问题的党员，任何组织和个人都不准打击报复，不准擅自进行追查，不准采取调离工作岗位、降格使用等惩罚措施。

坚持授权者要负责监督，发现问题要及时处置。强化上级组织对下级组织特别是主要领导干部行使权力的监督，防止权力失控和滥用。

对党组织和党员、干部行使权力进行监督，必须依纪依法进行。纪检监察、司法机关严格依纪依法按程序对涉嫌严重违纪违法行为进行调查。任何组织和个人不得自行决定或受指使对党员、干部采取非法调查手段。对违反规定的，要严肃追究纪律和法律责任。

十二、保持清正廉洁的政治本色

建设廉洁政治，坚决反对腐败，是加强和规范党内政治生活的重要任务。必须筑牢拒腐防变的思想防线和制度防线，着力构建不敢腐、不能腐、不想腐的体制机制，保持党的肌体健康和队伍纯洁。

各级领导干部必须严以修身、严以用权、严以律己，谋事要实、创业要实、做人要实，经得起权力、金钱、美色考验，用党和人民赋予的权力为人民服务。

领导干部特别是高级干部必须带头践行社会主义核心价值观，继承和发扬党的优良传统和作风，弘扬中华民族传统美德，讲修养、讲道德、讲诚信、讲廉耻，养成共产党人的高风亮节，自觉远离低级趣味。

各级领导干部是人民公仆，没有搞特殊化的权利。中央政治局要带头执行中央八项规定。各级领导干部特别是高级干部要坚持立党为公、执政为民，坚持公私分明、先公后私、克己奉公，带头保持谦虚、谨慎、不骄、不躁的作风，保持艰苦奋斗的作风，带头执行廉洁自律准则，自觉同特权思想和特权现象作斗争，不准利用权力为自己和他人谋取私利，禁止违反财经制度批钱批物批项目，禁止用各种借口或巧立名目侵占、挥霍国家和集体财物，禁止违反规定提高干部待遇标准。

领导干部特别是高级干部必须注重家庭、家教、家风，教育管理好亲属和身边工作人员。严格执行领导干部个人有关事项报告制度，进一步规范领导干部配偶子女从业行为。禁止利用职权或影响力为家属亲友谋求特殊照顾，禁止领导干部家属亲友插手领导干部职权范围内的工作、插手人事安排。各级领导班子和领导干部对来自领导干部家属亲友的违规干预行为要坚决抵制，并将有关情况报告党组织。

全体党员、干部特别是高级干部必须拒腐蚀、永不沾，坚决同消极腐败现象作斗争，坚决抵制潜规则，自觉净化社交圈、生活圈、朋友圈，决不能把商品交换那一套搬到党内政治生活和工作中来。党的各级组织要担负起反腐倡廉政治责任，坚持有腐必反、有贪必肃，坚持“老虎”、“苍蝇”一起打，坚持无禁区、全覆盖、零容忍，党内决不允许有腐败分子藏身之地。

加强和规范党内政治生活是全党的共同任务，必须全党一起动手。各级党委（党组）要全面履行加强和规范党内政治生活的领导责任，着力解决突出问题，建立健全党内政治生活制度体系，把加强和规范党内政治生活各项任务落到实处。深入开展党内政治生活准则宣传教育，把党内政治生活准则列为党员、干部教育培训的必修内容。

落实党委主体责任和纪委监督责任，强化责任追究。党委（党组）主要负责人要认真履行第一责任人责任。党的各级组织要强化对党内政治生活准则落实情况的督促检查，建立健全问责机制，上级党组织要加强对下级党组织的指导监督检查，各级组织部门和机关党组织要加强日常管理，各级纪律检查机关要严肃查处违反党内政治生活准则的各种行为。

加强和规范党内政治生活，要从中央委员会、中央政治局、中央政治局常务委员会做起。高级干部要清醒认识自己岗位对党和国家的特殊重要性，职位越高越要自觉按照党提出的标准严格要求自己，越要做到党性坚强、党纪严明，做到对党始终忠诚、永不叛党。制定高级干部贯彻落实本准则的实施意见，指导和督促高级干部在遵守和执行党内政治生活准则上作全党表率。

全面从严治党永远在路上。全党要坚持不懈努力，共同营造风清气正的政治生态，确保党始终成为中国特色社会主义事业的坚强领导核心。

附录三

中国共产党纪律处分条例

第一编　总　则

第一章　指导思想、原则和适用范围

第一条　为维护党的章程和其他党内法规，严肃党的纪律，纯洁党的组织，保障党员民主权利，教育党员遵纪守法，维护党的团结统一，保证党的路线、方针、政策、决议和国家法律法规的贯彻执行，根据《中国共产党章程》，制定本条例。

第二条　本条例以马克思列宁主义、毛泽东思想、邓小平理论、“三个代表”重要思想、科学发展观为指导，深入贯彻习近平总书记系列重要讲话精神，落实全面从严治党战略部署。

第三条　党章是最根本的党内法规，是管党治党的总规矩。党的纪律是党的各级组织和全体党员必须遵守的行为规则。党组织和党员必须自觉遵守党章，严格执行和维护党的纪律，自觉接受党的纪律约束，模范遵守国家法律法规。

第四条 党的纪律处分工作应当坚持以下原则：

（一）党要管党、从严治党。加强对党的各级组织和全体党员的教育、管理和监督，把纪律挺在前面，注重抓早抓小。

（二）党纪面前一律平等。对违犯党纪的党组织和党员必须严肃、公正执行纪律，党内不允许有任何不受纪律约束的党组织和党员。

（三）实事求是。对党组织和党员违犯党纪的行为，应当以事实为依据，以党章、其他党内法规和国家法律法规为准绳，准确认定违纪性质，区别不同情况，恰当予以处理。

（四）民主集中制。实施党纪处分，应当按照规定程序经党组织集体讨论决定，不允许任何个人或者少数人擅自决定和批准。上级党组织对违犯党纪的党组织和党员作出的处理决定，下级党组织必须执行。

（五）惩前毖后、治病救人。处理违犯党纪的党组织和党员，应当实行惩戒与教育相结合，做到宽严相济。

第五条 本条例适用于违犯党纪应当受到党纪追究的党组织和党员。

第二章 违纪与纪律处分

第六条 党组织和党员违反党章和其他党内法规，违反国家法律法规，违反党和国家政策，违反社会主义道德，危害党、国家和人民利益的行为，依照规定应当给予纪律处理或者处分的，都必须受到追究。

第七条　对党员的纪律处分种类：

（一）警告；

（二）严重警告；

（三）撤销党内职务；

（四）留党察看；

（五）开除党籍。

第八条　对严重违犯党纪的党组织的纪律处理措施：

（一）改组；

（二）解散。

第九条　党员受到警告处分一年内、受到严重警告处分一年半内，不得在党内提升职务和向党外组织推荐担任高于其原任职务的党外职务。

第十条　撤销党内职务处分，是指撤销受处分党员由党内选举或者组织任命的党内职务。对于在党内担任两个以上职务的，党组织在作处分决定时，应当明确是撤销其一切职务还是某个职务。如果决定撤销其某个职务，必须撤销其担任的最高职务。如果决定撤销其两个以上职务，则必须从其担任的最高职务开始依次撤销。对于在党外组织担任职务的，应当建议党外组织依照规定作出相应处理。

对于应当受到撤销党内职务处分，但是本人没有担任党内职务的，应当给予其严重警告处分。其中，在党外组织担任职务的，应当建议党外组织撤销其党外职务。

党员受到撤销党内职务处分，或者依照前款规定受到严重警告处分的，二年内不得在党内担任和向党外组织推荐担任与其原任职务相当或者高于其原任职务的职务。

第十一条　留党察看处分，分为留党察看一年、留党察看二年。对于受到留党察看处分一年的党员，期满后仍不符合恢复党员权利条件的，应当延长一年留党察看期限。留党察看期限最长不得超过二年。

党员受处分期间，没有表决权、选举权和被选举权。留党察看期间，确有悔改表现的，期满后恢复其党员权利；坚持不改或者又发现其他应当受到党纪处分的违纪行为的，应当开除党籍。

党员受到留党察看处分，其党内职务自然撤销。对于担任党外职务的，应当建议党外组织撤销其党外职务。受到留党察看处分的党员，恢复党员权利后二年内，不得在党内担任和向党外组织推荐担任与其原任职务相当或者高于其原任职务的职务。

第十二条　党员受到开除党籍处分，五年内不得重新入党。另有规定不准重新入党的，依照规定。

第十三条　党的各级代表大会的代表受到留党察看以上（含留党察看）处分的，党组织应当终止其代表资格。

第十四条　对于严重违犯党纪、本身又不能纠正的党组织领导机构，应当予以改组。受到改组处理的党组织领导机构成员，除应当受到撤销党内职务以上（含撤销党内职务）处分的外，均自然免职。

第十五条　对于全体或者多数党员严重违犯党纪的党组织，应当予以解散。对于受到解散处理的党组织中的党员，应当逐个审查。其中，符合党员条件的，应当重新登记，并参加新的组织过党的生活；不符合党员条件的，应当对其进行教育、限期改正，经教育仍无转变的，予以劝退或者除名；有违纪行为的，依照规定予以追究。

第三章　纪律处分运用规则

第十六条　有下列情形之一的，可以从轻或者减轻处分：

（一）主动交代本人应当受到党纪处分的问题的；

（二）检举同案人或者其他人应当受到党纪处分或者法律追究的问题，经查证属实的；

（三）主动挽回损失、消除不良影响或者有效阻止危害结果发生的；

（四）主动上交违纪所得的；

（五）有其他立功表现的。

第十七条　根据案件的特殊情况，由中央纪委决定或者经省（部）级纪委（不含副省级市纪委）决定并呈报中央纪委批准，对违纪党员也可以在本条例规定的处分幅度以外减轻处分。

第十八条　对于党员违犯党纪应当给予警告或者严重警告处分，但是具有本条例第十六条规定的情形之一或者本条例分则中另有规定的，可以给予批评教育或者组织处理，免予党纪处分。对违纪党员免予处分，应当作出书面结论。

第十九条　有下列情形之一的，应当从重或者加重处分：

（一）在纪律集中整饬过程中，不收敛、不收手的；

（二）强迫、唆使他人违纪的；

（三）本条例另有规定的。

第二十条　故意违纪受处分后又因故意违纪应当受到党纪处分的，应当从重处分。

党员违纪受到党纪处分后，又被发现其受处分前的违纪行为应当受到党纪处分的，应当从重处分。

第二十一条　从轻处分，是指在本条例规定的违纪行为应当受到的处分幅度以内，给予较轻的处分。

从重处分，是指在本条例规定的违纪行为应当受到的处分幅度以内，给予较重的处分。

第二十二条　减轻处分，是指在本条例规定的违纪行为应当受到的处分幅度以外，减轻一档给予处分。

加重处分，是指在本条例规定的违纪行为应当受到的处分幅度以外，加重一档给予处分。

本条例规定的只有开除党籍处分一个档次的违纪行为，不适用第一款减轻处分的规定。

第二十三条　一人有本条例规定的两种以上（含两种）应当受到党纪处分的违纪行为，应当合并处理，按其数种违纪行为中应当受到的最高处分加重一档给予处分；其中一种违纪行为应当受到开除党籍处分的，应当给予开除党籍处分。

第二十四条　一个违纪行为同时触犯本条例两个以上（含两个）条款的，依照处分较重的条款定性处理。

一个条款规定的违纪构成要件全部包含在另一个条款规定的

违纪构成要件中，特别规定与一般规定不一致的，适用特别规定。

第二十五条　二人以上（含二人）共同故意违纪的，对为首者，从重处分，本条例另有规定的除外；对其他成员，按照其在共同违纪中所起的作用和应负的责任，分别给予处分。

对于经济方面共同违纪的，按照个人所得数额及其所起作用，分别给予处分。对违纪集团的首要分子，按照集团违纪的总数额处分；对其他共同违纪的为首者，情节严重的，按照共同违纪的总数额处分。

教唆他人违纪的，应当按照其在共同违纪中所起的作用追究党纪责任。

第二十六条　党组织领导机构集体作出违犯党纪的决定或者实施其他违犯党纪的行为，对具有共同故意的成员，按共同违纪处理；对过失违纪的成员，按照各自在集体违纪中所起的作用和应负的责任分别给予处分。

第四章　对违法犯罪党员的纪律处分

第二十七条　党组织在纪律审查中发现党员有贪污贿赂、失职渎职等刑法规定的行为涉嫌犯罪的，应当给予撤销党内职务、留党察看或者开除党籍处分。

第二十八条　党组织在纪律审查中发现党员有刑法规定的行为，虽不涉及犯罪但须追究党纪责任的，应当视具体情节给予警告直至开除党籍处分。

第二十九条　党组织在纪律审查中发现党员有其他违法行

为，影响党的形象，损害党、国家和人民利益的，应当视情节轻重给予党纪处分。

对有丧失党员条件，严重败坏党的形象行为的，应当给予开除党籍处分。

第三十条　党员受到党纪追究，涉嫌违法犯罪的，应当及时移送有关国家机关依法处理。需要给予行政处分或者其他纪律处分的，应当向有关机关或者组织提出建议。

第三十一条　党员被依法逮捕的，党组织应当按照管理权限中止其表决权、选举权和被选举权等党员权利。根据司法机关处理结果，可以恢复其党员权利的，应当及时予以恢复。

第三十二条　党员犯罪情节轻微，人民检察院依法作出不起诉决定的，或者人民法院依法作出有罪判决并免予刑事处罚的，应当给予撤销党内职务、留党察看或者开除党籍处分。

党员犯罪，被单处罚金的，依照前款规定处理。

第三十三条　党员犯罪，有下列情形之一的，应当给予开除党籍处分：

（一）因故意犯罪被依法判处刑法规定的主刑（含宣告缓刑）的；

（二）被单处或者附加剥夺政治权利的；

（三）因过失犯罪，被依法判处三年以上（不含三年）有期徒刑的。

因过失犯罪被判处三年以下（含三年）有期徒刑或者被判处管制、拘役的，一般应当开除党籍。对于个别可以不开除党籍的，应当对照处分党员批准权限的规定，报请再上一级党组织批准。

第三十四条　党员依法受到刑事责任追究的，党组织应当根据司法机关的生效判决、裁定、决定及其认定的事实、性质和情节，依照本条例规定给予党纪处分或者组织处理。

党员依法受到行政处罚、行政处分，应当追究党纪责任的，党组织可以根据生效的行政处罚、行政处分决定认定的事实、性质和情节，经核实后依照本条例规定给予党纪处分或者组织处理。

党员违反国家法律法规，违反企事业单位或者其他社会组织的规章制度受到其他纪律处分，应当追究党纪责任的，党组织在对有关方面认定的事实、性质和情节进行核实后，依照本条例规定给予党纪处分或者组织处理。

党组织作出党纪处分或者组织处理决定后，司法机关、行政机关等依法改变原生效判决、裁定、决定等，对原党纪处分或者组织处理决定产生影响的，党组织应当根据改变后的生效判决、裁定、决定等重新作出相应处理。

第五章　其他规定

第三十五条　预备党员违犯党纪，情节较轻，可以保留预备党员资格的，党组织应当对其批评教育或者延长预备期；情节较重的，应当取消其预备党员资格。

第三十六条　对违纪后下落不明的党员，应当区别情况作出处理：

（一）对有严重违纪行为，应当给予开除党籍处分的，党组织应当作出决定，开除其党籍；

（二）除前项规定的情况外，下落不明时间超过六个月的，党组织应当按照党章规定对其予以除名。

第三十七条　违纪党员在党组织作出处分决定前死亡，或者在死亡之后发现其曾有严重违纪行为，对于应当给予开除党籍处分的，开除其党籍；对于应当给予留党察看以下（含留党察看）处分的，作出书面结论，不再给予党纪处分。

第三十八条　违纪行为有关责任人员的区分：

（一）直接责任者，是指在其职责范围内，不履行或者不正确履行自己的职责，对造成的损失或者后果起决定性作用的党员或者党员领导干部。

（二）主要领导责任者，是指在其职责范围内，对直接主管的工作不履行或者不正确履行职责，对造成的损失或者后果负直接领导责任的党员领导干部。

（三）重要领导责任者，是指在其职责范围内，对应管的工作或者参与决定的工作不履行或者不正确履行职责，对造成的损失或者后果负次要领导责任的党员领导干部。

本条例所称领导责任者，包括主要领导责任者和重要领导责任者。

第三十九条　本条例所称主动交代，是指涉嫌违纪的党员在组织初核前向有关组织交代自己的问题，或者在初核和立案调查其问题期间交代组织未掌握的问题。

在初核、立案调查过程中，涉嫌违纪的党员能够配合调查工作，如实坦白组织已掌握的其本人主要违纪事实的，可以从轻处分。

第四十条　计算经济损失主要计算直接经济损失。直接经济损失，是指与违纪行为有直接因果关系而造成财产损毁的实际价值。

第四十一条　对于违纪行为所获得的经济利益，应当收缴或者责令退赔。

对于违纪行为所获得的职务、职称、学历、学位、奖励、资格等其他利益，应当由承办案件的纪检机关或者由其上级纪检机关建议有关组织、部门、单位按照规定予以纠正。

对于依照本条例第三十六条、第三十七条规定处理的党员，经调查确属其实施违纪行为获得的利益，依照本条规定处理。

第四十二条　党纪处分决定作出后，应当在一个月内向受处分党员所在党的基层组织中的全体党员及其本人宣布，并按照干部管理权限和组织关系将处分决定材料归入受处分者档案；对于受到撤销党内职务以上（含撤销党内职务）处分的，还应当在一个月内办理职务、工资等相应变更手续；涉及撤销或者调整其党外职务的，应当建议党外组织及时撤销或者调整其党外职务。特殊情况下，经作出或者批准作出处分决定的组织批准，可以适当延长办理期限。办理期限最长不得超过六个月。

第四十三条　执行党纪处分决定的机关或者受处分党员所在单位，应当在六个月内将处分决定的执行情况向作出或者批准处分决定的机关报告。

第四十四条　本条例总则适用于有党纪处分规定的其他党内法规，但是中共中央发布或者批准发布的其他党内法规有特别规定的除外。

第二编　分　则

第六章　对违反政治纪律行为的处分

第四十五条　通过信息网络、广播、电视、报刊、书籍、讲座、论坛、报告会、座谈会等方式，公开发表坚持资产阶级自由化立场、反对四项基本原则，反对党的改革开放决策的文章、演说、宣言、声明等的，给予开除党籍处分。

发布、播出、刊登、出版前款所列文章、演说、宣言、声明等或者为上述行为提供方便条件的，对直接责任者和领导责任者，给予严重警告或者撤销党内职务处分；情节严重的，给予留党察看或者开除党籍处分。

第四十六条　通过信息网络、广播、电视、报刊、书籍、讲座、论坛、报告会、座谈会等方式，有下列行为之一，情节较轻的，给予警告或者严重警告处分；情节较重的，给予撤销党内职务或者留党察看处分；情节严重的，给予开除党籍处分：

（一）公开发表违背四项基本原则，违背、歪曲党的改革开放决策，或者其他有严重政治问题的文章、演说、宣言、声明等的；

（二）妄议中央大政方针，破坏党的集中统一的；

（三）丑化党和国家形象，或者诋毁、诬蔑党和国家领导人，或者歪曲党史、军史的。

发布、播出、刊登、出版前款所列内容或者为上述行为提供方便条件的，对直接责任者和领导责任者，给予严重警告或者撤销党内职务处分；情节严重的，给予留党察看或者开除党籍处分。

第四十七条　制作、贩卖、传播第四十五条、第四十六条所列内容之一的书刊、音像制品、电子读物、网络音视频资料等，情节较轻的，给予警告或者严重警告处分；情节较重的，给予撤销党内职务或者留党察看处分；情节严重的，给予开除党籍处分。

私自携带、寄递第四十五条、第四十六条所列内容之一的书刊、音像制品、电子读物等入出境，情节较重的，给予警告或者严重警告处分；情节严重的，给予撤销党内职务、留党察看或者开除党籍处分。

第四十八条　组织、参加反对党的基本理论、基本路线、基本纲领、基本经验、基本要求或者重大方针政策的集会、游行、示威等活动的，或者以组织讲座、论坛、报告会、座谈会等方式，反对党的基本理论、基本路线、基本纲领、基本经验、基本要求或者重大方针政策，造成严重不良影响的，对策划者、组织者和骨干分子，给予开除党籍处分。

对其他参加人员或者以提供信息、资料、财物、场地等方式支持上述活动者，情节较轻的，给予警告或者严重警告处分；情节较重的，给予撤销党内职务或者留党察看处分；情节严重的，给予开除党籍处分。

对不明真相被裹挟参加，经批评教育后确有悔改表现的，可以免予处分或者不予处分。

未经组织批准参加其他集会、游行、示威等活动，情节较轻的，给予警告或者严重警告处分；情节较重的，给予撤销党内职务或者留党察看处分；情节严重的，给予开除党籍处分。

第四十九条　组织、参加旨在反对党的领导、反对社会主义制度或者敌视政府等组织的，对策划者、组织者和骨干分子，给予开除党籍处分。

对其他参加人员，情节较轻的，给予警告或者严重警告处分；情节较重的，给予撤销党内职务或者留党察看处分；情节严重的，给予开除党籍处分。

第五十条　组织、参加会道门或者邪教组织的，对策划者、组织者和骨干分子，给予开除党籍处分。

对其他参加人员，情节较轻的，给予警告或者严重警告处分；情节较重的，给予撤销党内职务或者留党察看处分；情节严重的，给予开除党籍处分。

对不明真相的参加人员，经批评教育后确有悔改表现的，可以免予处分或者不予处分。

第五十一条　在党内组织秘密集团或者组织其他分裂党的活动的，给予开除党籍处分。

参加秘密集团或者参加其他分裂党的活动的，给予留党察看或者开除党籍处分。

第五十二条　在党内搞团团伙伙、结党营私、拉帮结派、培植私人势力或者通过搞利益交换、为自己营造声势等活动捞取政治资本的，给予严重警告或者撤销党内职务处分；情节严重的，给予留党察看或者开除党籍处分。

第五十三条 有下列行为之一的，对直接责任者和领导责任者，给予严重警告或者撤销党内职务处分；情节严重的，给予留党察看或者开除党籍处分：

（一）拒不执行党和国家的方针政策以及决策部署的；

（二）故意作出与党和国家的方针政策以及决策部署相违背的决定的；

（三）擅自对应当由中央决定的重大政策问题作出决定和对外发表主张的。

第五十四条 挑拨民族关系制造事端或者参加民族分裂活动的，对策划者、组织者和骨干分子，给予开除党籍处分。

对其他参加人员，情节较轻的，给予警告或者严重警告处分；情节较重的，给予撤销党内职务或者留党察看处分；情节严重的，给予开除党籍处分。

对不明真相被裹挟参加，经批评教育后确有悔改表现的，可以免予处分或者不予处分。

有其他违反党和国家民族政策的行为，情节较轻的，给予警告或者严重警告处分；情节较重的，给予撤销党内职务或者留党察看处分；情节严重的，给予开除党籍处分。

第五十五条 组织、利用宗教活动反对党的路线、方针、政策和决议，破坏民族团结的，对策划者、组织者和骨干分子，给予留党察看或者开除党籍处分。

对其他参加人员，情节较轻的，给予警告或者严重警告处分；

情节较重的，给予撤销党内职务或者留党察看处分；情节严重的，给予开除党籍处分。

对不明真相被裹挟参加，经批评教育后确有悔改表现的，可以免予处分或者不予处分。

有其他违反党和国家宗教政策的行为，情节较轻的，给予警告或者严重警告处分；情节较重的，给予撤销党内职务或者留党察看处分；情节严重的，给予开除党籍处分。

第五十六条 组织、利用宗族势力对抗党和政府，妨碍党和国家的方针政策以及决策部署的实施，或者破坏党的基层组织建设的，对策划者、组织者和骨干分子，给予留党察看或者开除党籍处分。

对其他参加人员，情节较轻的，给予警告或者严重警告处分；情节较重的，给予撤销党内职务或者留党察看处分；情节严重的，给予开除党籍处分。

对不明真相被裹挟参加，经批评教育后确有悔改表现的，可以免予处分或者不予处分。

第五十七条 对抗组织审查，有下列行为之一的，给予警告或者严重警告处分；情节较重的，给予撤销党内职务或者留党察看处分；情节严重的，给予开除党籍处分：

（一）串供或者伪造、销毁、转移、隐匿证据的；

（二）阻止他人揭发检举、提供证据材料的；

（三）包庇同案人员的；

（四）向组织提供虚假情况，掩盖事实的；

（五）有其他对抗组织审查行为的。

第五十八条　组织迷信活动的，给予撤销党内职务或者留党察看处分；情节严重的，给予开除党籍处分。

参加迷信活动，造成不良影响的，给予警告或者严重警告处分；情节较重的，给予撤销党内职务或者留党察看处分；情节严重的，给予开除党籍处分。

对不明真相的参加人员，经批评教育后确有悔改表现的，可以免予处分或者不予处分。

第五十九条　在国（境）外、外国驻华使（领）馆申请政治避难，或者违纪后逃往国（境）外、外国驻华使（领）馆的，给予开除党籍处分。

在国（境）外公开发表反对党和政府的文章、演说、宣言、声明等的，依照前款规定处理。

故意为上述行为提供方便条件的，给予留党察看或者开除党籍处分。

第六十条　在涉外活动中，其言行在政治上造成恶劣影响，损害党和国家尊严、利益的，给予撤销党内职务或者留党察看处分；情节严重的，给予开除党籍处分。

第六十一条　党员领导干部对违反政治纪律和政治规矩等错误思想和行为放任不管，搞无原则一团和气，造成不良影响的，给予警告或者严重警告处分；情节严重的，给予撤销党内职务或者留党察看处分。

第六十二条　违反党的优良传统和工作惯例等党的规矩，在政治上造成不良影响的，给予警告或者严重警告处分；情节较重的，给予撤销党内职务或者留党察看处分；情节严重的，给予开除党籍处分。

第七章　对违反组织纪律行为的处分

第六十三条　违反民主集中制原则，拒不执行或者擅自改变党组织作出的重大决定，或者违反议事规则，个人或者少数人决定重大问题的，给予警告或者严重警告处分；情节严重的，给予撤销党内职务或者留党察看处分。

第六十四条　下级党组织拒不执行或者擅自改变上级党组织决定的，对直接责任者和领导责任者，给予警告或者严重警告处分；情节严重的，给予撤销党内职务或者留党察看处分。

第六十五条　拒不执行党组织的分配、调动、交流等决定的，给予警告、严重警告或者撤销党内职务处分。

在特殊时期或者紧急状况下，拒不执行党组织决定的，给予留党察看或者开除党籍处分。

第六十六条　不按照有关规定或者工作要求，向组织请示报告重大问题、重要事项的，给予警告或者严重警告处分；情节严重的，给予撤销党内职务或者留党察看处分。

不按要求报告或者不如实报告个人去向，情节较重的，给予警告或者严重警告处分。

第六十七条　有下列行为之一，情节较重的，给予警告或者严重警告处分：

（一）违反个人有关事项报告规定，不报告、不如实报告的；

（二）在组织进行谈话、函询时，不如实向组织说明问题的；

（三）不如实填报个人档案资料的。

篡改、伪造个人档案资料的，给予严重警告处分；情节严重的，给予撤销党内职务或者留党察看处分。

隐瞒入党前严重错误的，一般应当予以除名；对入党后表现尚好的，给予严重警告、撤销党内职务或者留党察看处分。

第六十八条 党员领导干部违反有关规定组织、参加自发成立的老乡会、校友会、战友会等，情节严重的，给予警告、严重警告或者撤销党内职务处分。

第六十九条 诬告陷害他人意在使他人受纪律追究的，给予警告或者严重警告处分；情节较重的，给予撤销党内职务或者留党察看处分；情节严重的，给予开除党籍处分。

第七十条 侵犯党员的表决权、选举权和被选举权，情节较重的，给予警告或者严重警告处分；情节严重的，给予撤销党内职务处分。

以强迫、威胁、欺骗、拉拢等手段，妨害党员自主行使表决权、选举权和被选举权的，给予撤销党内职务、留党察看或者开除党籍处分。

第七十一条 有下列行为之一的，给予警告或者严重警告处分；情节较重的，给予撤销党内职务或者留党察看处分；情节严重的，给予开除党籍处分：

（一）对批评、检举、控告进行阻挠、压制，或者将批评、检举、控告材料私自扣压、销毁，或者故意将其泄露给他人的；

（二）对党员的申辩、辩护、作证等进行压制，造成不良后果的；

（三）压制党员申诉，造成不良后果的，或者不按照有关规定处理党员申诉的；

（四）有其他侵犯党员权利行为，造成不良后果的。

对批评人、检举人、控告人、证人及其他人员打击报复的，依照前款规定从重或者加重处分。

党组织有上述行为的，对直接责任者和领导责任者，依照第一款规定处理。

第七十二条　有下列行为之一的，给予警告或者严重警告处分；情节较重的，给予撤销党内职务或者留党察看处分；情节严重的，给予开除党籍处分：

（一）在民主推荐、民主测评、组织考察和党内选举中搞拉票、助选等非组织活动的；

（二）在法律规定的投票、选举活动中违背组织原则搞非组织活动，组织、怂恿、诱使他人投票、表决的；

（三）在选举中进行其他违反党章、其他党内法规和有关章程活动的。

第七十三条　在干部选拔任用工作中，违反干部选拔任用规定，对直接责任者和领导责任者，情节较轻的，给予警告或者严重警告处分；情节较重的，给予撤销党内职务或者留党察看处分；情节严重的，给予开除党籍处分。

用人失察失误造成严重后果的，对直接责任者和领导责任者，依照前款规定处理。

第七十四条　在干部、职工的录用、考核、职务晋升、职称评定和征兵、安置复转军人等工作中，隐瞒、歪曲事实真相，或者利用职权或者职务上的影响违反有关规定为本人或者其他人谋取利益的，给予警告或者严重警告处分；情节较重的，给予撤销党内职务或者留党察看处分；情节严重的，给予开除党籍处分。

弄虚作假，骗取职务、职级、职称、待遇、资格、学历、学位、荣誉或者其他利益的，依照前款规定处理。

第七十五条　违反党章和其他党内法规的规定，采取弄虚作假或者其他手段把不符合党员条件的人发展为党员，或者为非党员出具党员身份证明的，对直接责任者和领导责任者，给予警告或者严重警告处分；情节严重的，给予撤销党内职务处分。

违反有关规定程序发展党员的，对直接责任者和领导责任者，依照前款规定处理。

第七十六条　违反有关规定取得外国国籍或者获取国（境）外永久居留资格、长期居留许可的，给予撤销党内职务、留党察看或者开除党籍处分。

第七十七条　违反有关规定办理因私出国（境）证件、前往港澳通行证，或者未经批准出入国（边）境，情节较轻的，给予警告或者严重警告处分；情节较重的，给予撤销党内职务处分；情节严重的，给予留党察看处分。

第七十八条　驻外机构或者临时出国（境）团（组）中的党

员擅自脱离组织，或者从事外事、机要、军事等工作的党员违反有关规定同国（境）外机构、人员联系和交往的，给予警告、严重警告或者撤销党内职务处分。

第七十九条　驻外机构或者临时出国（境）团（组）中的党员，脱离组织出走时间不满六个月又自动回归的，给予撤销党内职务或者留党察看处分；脱离组织出走时间超过六个月的，按照自行脱党处理，党内予以除名。

故意为他人脱离组织出走提供方便条件的，给予警告、严重警告或者撤销党内职务处分。

第八章　对违反廉洁纪律行为的处分

第八十条　利用职权或者职务上的影响为他人谋取利益，本人的配偶、子女及其配偶等亲属和其他特定关系人收受对方财物，情节较重的，给予警告或者严重警告处分；情节严重的，给予撤销党内职务、留党察看或者开除党籍处分。

第八十一条　相互利用职权或者职务上的影响为对方及其配偶、子女及其配偶等亲属、身边工作人员和其他特定关系人谋取利益搞权权交易的，给予警告或者严重警告处分；情节较重的，给予撤销党内职务或者留党察看处分；情节严重的，给予开除党籍处分。

第八十二条　纵容、默许配偶、子女及其配偶等亲属和身边工作人员利用党员干部本人职权或者职务上的影响谋取私利，情节较轻的，给予警告或者严重警告处分；情节较重的，给予撤销党内职务或者留党察看处分；情节严重的，给予开除党籍处分。

党员干部的配偶、子女及其配偶不实际工作而获取薪酬或者虽实际工作但领取明显超出同职级标准薪酬，党员干部知情未予纠正的，依照前款规定处理。

第八十三条　收受可能影响公正执行公务的礼品、礼金、消费卡等，情节较轻的，给予警告或者严重警告处分；情节较重的，给予撤销党内职务或者留党察看处分；情节严重的，给予开除党籍处分。

收受其他明显超出正常礼尚往来的礼品、礼金、消费卡等的，依照前款规定处理。

第八十四条　向从事公务的人员及其配偶、子女及其配偶等亲属和其他特定关系人赠送明显超出正常礼尚往来的礼品、礼金、消费卡等，情节较重的，给予警告或者严重警告处分；情节严重的，给予撤销党内职务或者留党察看处分。

第八十五条　利用职权或者职务上的影响操办婚丧喜庆事宜，在社会上造成不良影响的，给予警告或者严重警告处分；情节严重的，给予撤销党内职务处分。

在操办婚丧喜庆事宜中，借机敛财或者有其他侵犯国家、集体和人民利益行为的，依照前款规定从重或者加重处分，直至开除党籍。

第八十六条　接受可能影响公正执行公务的宴请或者旅游、健身、娱乐等活动安排，情节较重的，给予警告或者严重警告处分；情节严重的，给予撤销党内职务或者留党察看处分。

第八十七条 违反有关规定取得、持有、实际使用运动健身卡、会所和俱乐部会员卡、高尔夫球卡等各种消费卡，或者违反有关规定出入私人会所，情节较重的，给予警告或者严重警告处分；情节严重的，给予撤销党内职务或者留党察看处分。

第八十八条 违反有关规定从事营利活动，有下列行为之一，情节较轻的，给予警告或者严重警告处分；情节较重的，给予撤销党内职务或者留党察看处分；情节严重的，给予开除党籍处分：

（一）经商办企业的；

（二）拥有非上市公司（企业）的股份或者证券的；

（三）买卖股票或者进行其他证券投资的；

（四）从事有偿中介活动的；

（五）在国（境）外注册公司或者投资入股的；

（六）有其他违反有关规定从事营利活动的。

利用职权或者职务上的影响，为本人配偶、子女及其配偶等亲属和其他特定关系人的经营活动谋取利益的，依照前款规定处理。

违反有关规定在经济实体、社会团体等单位中兼职，或者经批准兼职但获取薪酬、奖金、津贴等额外利益的，依照第一款规定处理。

第八十九条 党员领导干部离职或者退（离）休后违反有关规定接受原任职务管辖的地区和业务范围内的企业和中介机构的聘任，或者个人从事与原任职务管辖业务相关的营利活动，情节较轻的，给予警告或者严重警告处分；情节较重的，给予撤销党内职务处分；情节严重的，给予留党察看处分。

党员领导干部离职或者退（离）休后违反有关规定担任上市公司、基金管理公司独立董事、独立监事等职务，情节较轻的，给予警告或者严重警告处分；情节较重的，给予撤销党内职务处分；情节严重的，给予留党察看处分。

第九十条　党员领导干部的配偶、子女及其配偶，违反有关规定在该党员领导干部管辖的区域或者业务范围内从事可能影响其公正执行公务的经营活动，或者在该党员领导干部管辖的区域或者业务范围内的外商独资企业、中外合资企业中担任由外方委派、聘任的高级职务的，该党员领导干部应当按照规定予以纠正；拒不纠正的，其本人应当辞去现任职务或者由组织予以调整职务；不辞去现任职务或者不服从组织调整职务的，给予撤销党内职务处分。

第九十一条　党和国家机关违反有关规定经商办企业的，对直接责任者和领导责任者，给予警告或者严重警告处分；情节严重的，给予撤销党内职务处分。

第九十二条　党员领导干部违反工作、生活保障制度，在交通、医疗、警卫等方面为本人、配偶、子女及其配偶等亲属和其他特定关系人谋求特殊待遇，情节较重的，给予警告或者严重警告处分；情节严重的，给予撤销党内职务或者留党察看处分。

第九十三条　在分配、购买住房中侵犯国家、集体利益，情节较轻的，给予警告或者严重警告处分；情节较重的，给予撤销党内职务或者留党察看处分；情节严重的，给予开除党籍处分。

第九十四条　利用职权或者职务上的影响，侵占非本人经管的公私财物，或者以象征性地支付钱款等方式侵占公私财物，或者无偿、象征性地支付报酬接受服务、使用劳务，情节较轻的，给予警告或者严重警告处分；情节较重的，给予撤销党内职务或者留党察看处分；情节严重的，给予开除党籍处分。

利用职权或者职务上的影响，将本人、配偶、子女及其配偶等亲属应当由个人支付的费用，由下属单位、其他单位或者他人支付、报销的，依照前款规定处理。

第九十五条　利用职权或者职务上的影响，违反有关规定占用公物归个人使用，时间超过六个月，情节较重的，给予警告或者严重警告处分；情节严重的，给予撤销党内职务处分。

占用公物进行营利活动的，给予警告或者严重警告处分；情节较重的，给予撤销党内职务或者留党察看处分；情节严重的，给予开除党籍处分。

将公物借给他人进行营利活动的，依照前款规定处理。

第九十六条　违反有关规定组织、参加用公款支付的宴请、高消费娱乐、健身活动，或者用公款购买赠送、发放礼品，对直接责任者和领导责任者，情节较轻的，给予警告或者严重警告处分；情节较重的，给予撤销党内职务或者留党察看处分；情节严重的，给予开除党籍处分。

第九十七条　违反有关规定自定薪酬或者滥发津贴、补贴、奖金等，对直接责任者和领导责任者，情节较轻的，给予警告或者严重警告处分；情节较重的，给予撤销党内职务或者留党察看处分；情节严重的，给予开除党籍处分。

第九十八条 有下列行为之一，对直接责任者和领导责任者，情节较轻的，给予警告或者严重警告处分；情节较重的，给予撤销党内职务或者留党察看处分；情节严重的，给予开除党籍处分：

（一）用公款旅游、借公务差旅之机旅游或者以公务差旅为名变相旅游的；

（二）以考察、学习、培训、研讨、招商、参展等名义变相用公款出国（境）旅游的。

第九十九条 违反公务接待管理规定，超标准、超范围接待或者借机大吃大喝，对直接责任者和领导责任者，情节较重的，给予警告或者严重警告处分；情节严重的，给予撤销党内职务处分。

第一百条 违反有关规定配备、购买、更换、装饰、使用公务用车或者有其他违反公务用车管理规定的行为，对直接责任者和领导责任者，情节较重的，给予警告或者严重警告处分；情节严重的，给予撤销党内职务或者留党察看处分。

第一百零一条 违反会议活动管理规定，有下列行为之一，对直接责任者和领导责任者，情节较重的，给予警告或者严重警告处分；情节严重的，给予撤销党内职务处分：

（一）到禁止召开会议的风景名胜区开会的；

（二）决定或者批准举办各类节会、庆典活动的。

擅自举办评比达标表彰活动或者借评比达标表彰活动收取费用的，依照前款规定处理。

第一百零二条　违反办公用房管理规定，有下列行为之一，对直接责任者和领导责任者，情节较重的，给予警告或者严重警告处分；情节严重的，给予撤销党内职务处分：

（一）决定或者批准兴建、装修办公楼、培训中心等楼堂馆所，超标准配备、使用办公用房的；

（二）用公款包租、占用客房或者其他场所供个人使用的。

第一百零三条　搞权色交易或者给予财物搞钱色交易的，给予警告或者严重警告处分；情节较重的，给予撤销党内职务或者留党察看处分；情节严重的，给予开除党籍处分。

第一百零四条　有其他违反廉洁纪律规定行为的，应当视具体情节给予警告直至开除党籍处分。

第九章　对违反群众纪律行为的处分

第一百零五条　有下列行为之一，对直接责任者和领导责任者，情节较轻的，给予警告或者严重警告处分；情节较重的，给予撤销党内职务或者留党察看处分；情节严重的，给予开除党籍处分：

（一）超标准、超范围向群众筹资筹劳、摊派费用，加重群众负担的；

（二）违反有关规定扣留、收缴群众款物或者处罚群众的；

（三）克扣群众财物，或者违反有关规定拖欠群众钱款的；

（四）在管理、服务活动中违反有关规定收取费用的；

（五）在办理涉及群众事务时刁难群众、吃拿卡要的；

（六）有其他侵害群众利益行为的。

第一百零六条　干涉群众生产经营自主权，致使群众财产遭受较大损失的，对直接责任者和领导责任者，给予警告或者严重警告处分；情节严重的，给予撤销党内职务或者留党察看处分。

第一百零七条　在社会保障、政策扶持、救灾救济款物分配等事项中优亲厚友、明显有失公平的，给予警告或者严重警告处分；情节严重的，给予撤销党内职务或者留党察看处分。

第一百零八条　有下列行为之一，对直接责任者和领导责任者，情节较重的，给予警告或者严重警告处分；情节严重的，给予撤销党内职务或者留党察看处分：

（一）对涉及群众生产、生活等切身利益的问题依照政策或者有关规定能解决而不及时解决，造成不良影响的；

（二）对符合政策的群众诉求消极应付、推诿扯皮，损害党群、干群关系的；

（三）对待群众态度恶劣、简单粗暴，造成不良影响的；

（四）弄虚作假，欺上瞒下，损害群众利益的。

第一百零九条　不顾群众意愿，盲目铺摊子、上项目，致使国家、集体或者群众财产和利益遭受较大损失的，对直接责任者和领导责任者，给予警告或者严重警告处分；情节严重的，给予撤销党内职务或者留党察看处分。

第一百一十条　遇到国家财产和群众生命财产受到严重威胁时，能救而不救，情节较重的，给予警告、严重警告或者撤销党内职务处分；情节严重的，给予留党察看或者开除党籍处分。

第一百一十一条 不按照规定公开党务、政务、厂务、村（居）务等，侵犯群众知情权，对直接责任者和领导责任者，情节较重的，给予警告或者严重警告处分；情节严重的，给予撤销党内职务或者留党察看处分。

第一百一十二条 有其他违反群众纪律规定行为的，应当视具体情节给予警告直至开除党籍处分。

第十章 对违反工作纪律行为的处分

第一百一十三条 党组织负责人在工作中不负责任或者疏于管理，有下列情形之一，给党、国家和人民利益以及公共财产造成较大损失的，对直接责任者和领导责任者，给予警告或者严重警告处分；造成重大损失的，给予撤销党内职务、留党察看或者开除党籍处分：

（一）不传达贯彻、不检查督促落实党和国家的方针政策以及决策部署，或者作出违背党和国家方针政策以及决策部署的错误决策的；

（二）本地区、本部门、本系统和本单位发生公开反对党的基本理论、基本路线、基本纲领、基本经验、基本要求或者党和国家方针政策以及决策部署行为的。

第一百一十四条 党组织不履行全面从严治党主体责任或者履行全面从严治党主体责任不力，造成严重损害或者严重不良影响的，对直接责任者和领导责任者，给予警告或者严重警告处分；情节严重的，给予撤销党内职务或者留党察看处分。

第一百一十五条　党组织有下列行为之一，对直接责任者和领导责任者，情节较重的，给予警告或者严重警告处分；情节严重的，给予撤销党内职务或者留党察看处分：

（一）党员被依法判处刑罚后，不按照规定给予党纪处分，或者对违反国家法律法规的行为，应当给予党纪处分而不处分的；

（二）党纪处分决定或者申诉复查决定作出后，不按照规定落实决定中关于被处分人党籍、职务、职级、待遇等事项的；

（三）党员受到党纪处分后，不按照干部管理权限和组织关系对受处分党员开展日常教育、管理和监督工作的。

第一百一十六条　因工作不负责任致使所管理的人员叛逃的，对直接责任者和领导责任者，给予警告或者严重警告处分；情节严重的，给予撤销党内职务处分。

因工作不负责任致使所管理的人员出走，对直接责任者和领导责任者，情节较重的，给予警告或者严重警告处分；情节严重的，给予撤销党内职务处分。

第一百一十七条　在上级单位检查、视察工作或者向上级单位汇报、报告工作时对应当报告的事项不报告或者不如实报告，造成严重损害或者严重不良影响的，对直接责任者和领导责任者，给予警告或者严重警告处分；情节严重的，给予撤销党内职务或者留党察看处分。

第一百一十八条　党员领导干部违反有关规定干预和插手市场经济活动，有下列行为之一，造成不良影响的，给予警告或者严重警告处分；情节较重的，给予撤销党内职务或者留党察看处分；情节严重的，给予开除党籍处分：

（一）干预和插手建设工程项目承发包、土地使用权出让、政府采购、房地产开发与经营、矿产资源开发利用、中介机构服务等活动的；

（二）干预和插手国有企业重组改制、兼并、破产、产权交易、清产核资、资产评估、资产转让、重大项目投资以及其他重大经营活动等事项的；

（三）干预和插手批办各类行政许可和资金借贷等事项的；

（四）干预和插手经济纠纷的；

（五）干预和插手集体资金、资产和资源的使用、分配、承包、租赁等事项的。

第一百一十九条　党员领导干部违反有关规定干预和插手司法活动、执纪执法活动，向有关地方或者部门打招呼、说情，或者以其他方式对司法活动、执纪执法活动施加影响，情节较轻的，给予严重警告处分；情节较重的，给予撤销党内职务或者留党察看处分；情节严重的，给予开除党籍处分。

党员领导干部违反有关规定干预和插手公共财政资金分配、项目立项评审、政府奖励表彰等活动，造成重大损失或者不良影响的，依照前款规定处理。

第一百二十条　泄露、扩散或者窃取党组织关于干部选拔任用、纪律审查等尚未公开事项或者其他应当保密的内容的，给予警告或者严重警告处分；情节较重的，给予撤销党内职务或者留党察看处分；情节严重的，给予开除党籍处分。

私自留存涉及党组织关于干部选拔任用、纪律审查等方面资料，情节较重的，给予警告或者严重警告处分；情节严重的，给予撤销党内职务处分。

第一百二十一条　在考试、录取工作中，有泄露试题、考场舞弊、涂改考卷、违规录取等违反有关规定行为的，给予警告或者严重警告处分；情节较重的，给予撤销党内职务或者留党察看处分；情节严重的，给予开除党籍处分。

第一百二十二条　以不正当方式谋求本人或者其他人用公款出国（境），情节较轻的，给予警告处分；情节较重的，给予严重警告处分；情节严重的，给予撤销党内职务处分。

第一百二十三条　临时出国（境）团（组）或者人员中的党员，擅自延长在国（境）外期限，或者擅自变更路线的，对直接责任者和领导责任者，给予警告或者严重警告处分；情节严重的，给予撤销党内职务处分。

第一百二十四条　驻外机构或者临时出国（境）团（组）中的党员，触犯驻在国家、地区的法律、法令或者不尊重驻在国家、地区的宗教习俗，情节较重的，给予警告或者严重警告处分；情节严重的，给予撤销党内职务、留党察看或者开除党籍处分。

第一百二十五条　在党的纪律检查、组织、宣传、统一战线工作以及机关工作等其他工作中，不履行或者不正确履行职责，造成损失或者不良影响的，应当视具体情节给予警告直至开除党籍处分。

第十一章　对违反生活纪律行为的处分

第一百二十六条　生活奢靡、贪图享乐、追求低级趣味，造成不良影响的，给予警告或者严重警告处分；情节严重的，给予撤销党内职务处分。

第一百二十七条　与他人发生不正当性关系，造成不良影响的，给予警告或者严重警告处分；情节较重的，给予撤销党内职务或者留党察看处分；情节严重的，给予开除党籍处分。

利用职权、教养关系、从属关系或者其他相类似关系与他人发生性关系的，依照前款规定从重处分。

第一百二十八条　违背社会公序良俗，在公共场所有不当行为，造成不良影响的，给予警告或者严重警告处分；情节较重的，给予撤销党内职务或者留党察看处分；情节严重的，给予开除党籍处分。

第一百二十九条　有其他严重违反社会公德、家庭美德行为的，应当视具体情节给予警告直至开除党籍处分。

第三编　附　则

第一百三十条　各省、自治区、直辖市党委可以根据本条例，结合各自工作的实际情况，制定单项实施规定。

第一百三十一条　中央军事委员会可以根据本条例，结合中国人民解放军和中国人民武装警察部队的实际情况，制定补充规定或者单项规定。

第一百三十二条　本条例由中央纪律检查委员会负责解释。

第一百三十三条　本条例自2016年1月1日起施行。

附录四

中国共产党党内监督条例

（2016年10月27日中国共产党第十八届中央委员会第六次全体会议通过）

第一章　总　则

第一条　为坚持党的领导，加强党的建设，全面从严治党，强化党内监督，保持党的先进性和纯洁性，根据《中国共产党章程》，制定本条例。

第二条　党内监督以马克思列宁主义、毛泽东思想、邓小平理论、“三个代表”重要思想、科学发展观为指导，深入贯彻习近平总书记系列重要讲话精神，围绕统筹推进“五位一体”总体布局和协调推进“四个全面”战略布局，尊崇党章，依规治党，坚持党内监督和人民群众监督相结合，增强党在长期执政条件下自我净化、自我完善、自我革新、自我提高能力，确保党始终成为中国特色社会主义事业的坚强领导核心。

第三条 党内监督没有禁区、没有例外。信任不能代替监督。各级党组织应当把信任激励同严格监督结合起来，促使党的领导干部做到有权必有责、有责要担当，用权受监督、失责必追究。

第四条 党内监督必须贯彻民主集中制，依规依纪进行，强化自上而下的组织监督，改进自下而上的民主监督，发挥同级相互监督作用。坚持惩前毖后、治病救人，抓早抓小、防微杜渐。

第五条 党内监督的任务是确保党章党规党纪在全党有效执行，维护党的团结统一，重点解决党的领导弱化、党的建设缺失、全面从严治党不力，党的观念淡漠、组织涣散、纪律松弛，管党治党宽松软问题，保证党的组织充分履行职能、发挥核心作用，保证全体党员发挥先锋模范作用，保证党的领导干部忠诚干净担当。

党内监督的主要内容是：

（一）遵守党章党规，坚定理想信念，践行党的宗旨，模范遵守宪法法律情况；

（二）维护党中央集中统一领导，牢固树立政治意识、大局意识、核心意识、看齐意识，贯彻落实党的理论和路线方针政策，确保全党令行禁止情况；

（三）坚持民主集中制，严肃党内政治生活，贯彻党员个人服从党的组织，少数服从多数，下级组织服从上级组织，全党各个组织和全体党员服从党的全国代表大会和中央委员会原则情况；

（四）落实全面从严治党责任，严明党的纪律特别是政治纪律和政治规矩，推进党风廉政建设和反腐败工作情况；

（五）落实中央八项规定精神，加强作风建设，密切联系群众，巩固党的执政基础情况；

（六）坚持党的干部标准，树立正确选人用人导向，执行干部选拔任用工作规定情况；

（七）廉洁自律、秉公用权情况；

（八）完成党中央和上级党组织部署的任务情况。

第六条　党内监督的重点对象是党的领导机关和领导干部特别是主要领导干部。

第七条　党内监督必须把纪律挺在前面，运用监督执纪“四种形态”，经常开展批评和自我批评、约谈函询，让“红红脸、出出汗”成为常态；党纪轻处分、组织调整成为违纪处理的大多数；党纪重处分、重大职务调整的成为少数；严重违纪涉嫌违法立案审查的成为极少数。

第八条　党的领导干部应当强化自我约束，经常对照党章检查自己的言行，自觉遵守党内政治生活准则、廉洁自律准则，加强党性修养，陶冶道德情操，永葆共产党人政治本色。

第九条　建立健全党中央统一领导，党委（党组）全面监督，纪律检查机关专责监督，党的工作部门职能监督，党的基层组织日常监督，党员民主监督的党内监督体系。

第二章　党的中央组织的监督

第十条　党的中央委员会、中央政治局、中央政治局常务委员会全面领导党内监督工作。中央委员会全体会议每年听取中央政治局工作报告，监督中央政治局工作，部署加强党内监督的重大任务。

第十一条　中央政治局、中央政治局常务委员会定期研究部署在全党开展学习教育，以整风精神查找问题、纠正偏差；听取和审议全党落实中央八项规定精神情况汇报，加强作风建设情况监督检查；听取中央纪律检查委员会常务委员会工作汇报；听取中央巡视情况汇报，在一届任期内实现中央巡视全覆盖。中央政治局每年召开民主生活会，进行对照检查和党性分析，研究加强自身建设措施。

第十二条　中央委员会成员必须严格遵守党的政治纪律和政治规矩，发现其他成员有违反党章、破坏党的纪律、危害党的团结统一的行为应当坚决抵制，并及时向党中央报告。对中央政治局委员的意见，署真实姓名以书面形式或者其他形式向中央政治局常务委员会或者中央纪律检查委员会常务委员会反映。

第十三条　中央政治局委员应当加强对直接分管部门、地方、领域党组织和领导班子成员的监督，定期同有关地方和部门主要负责人就其履行全面从严治党责任、廉洁自律等情况进行谈话。

第十四条　中央政治局委员应当严格执行中央八项规定，自觉参加双重组织生活，如实向党中央报告个人重要事项。带头树立良好家风，加强对亲属和身边工作人员的教育和约束，严格要求配偶、子女及其配偶不得违规经商办企业，不得违规任职、兼职取酬。

第三章　党委（党组）的监督

第十五条　党委（党组）在党内监督中负主体责任，书记是第一责任人，党委常委会委员（党组成员）和党委委员在职责范围内履行监督职责。党委（党组）履行以下监督职责：

（一）领导本地区本部门本单位党内监督工作，组织实施各项监督制度，抓好督促检查；

（二）加强对同级纪委和所辖范围内纪律检查工作的领导，检查其监督执纪问责工作情况；

（三）对党委常委会委员（党组成员）、党委委员，同级纪委、党的工作部门和直接领导的党组织领导班子及其成员进行监督；

（四）对上级党委、纪委工作提出意见和建议，开展监督。

第十六条　党的工作部门应当严格执行各项监督制度，加强职责范围内党内监督工作，既加强对本部门本单位的内部监督，又强化对本系统的日常监督。

第十七条　党内监督必须加强对党组织主要负责人和关键岗位领导干部的监督，重点监督其政治立场、加强党的建设、从严治党，执行党的决议，公道正派选人用人，责任担当、廉洁自律，落实意识形态工作责任制情况。

上级党组织特别是其主要负责人，对下级党组织主要负责人应当平时多过问、多提醒，发现问题及时纠正。领导班子成员发现班子主要负责人存在问题，应当及时向其提出，必要时可以直接向上级党组织报告。

党组织主要负责人个人有关事项应当在党内一定范围公开，主动接受监督。

第十八条 党委（党组）应当加强对领导干部的日常管理监督，掌握其思想、工作、作风、生活状况。党的领导干部应当经常开展批评和自我批评，敢于正视、深刻剖析、主动改正自己的缺点错误；对同志的缺点错误应当敢于指出，帮助改进。

第十九条 巡视是党内监督的重要方式。中央和省、自治区、直辖市党委一届任期内，对所管理的地方、部门、企事业单位党组织全面巡视。巡视党的组织和党的领导干部尊崇党章、党的领导、党的建设和党的路线方针政策落实情况，履行全面从严治党责任、执行党的纪律、落实中央八项规定精神、党风廉政建设和反腐败工作以及选人用人情况。发现问题、形成震慑，推动改革、促进发展，发挥从严治党利剑作用。

中央巡视工作领导小组应当加强对省、自治区、直辖市党委，中央有关部委，中央国家机关部门党组（党委）巡视工作的领导。省、自治区、直辖市党委应当推动党的市（地、州、盟）和县（市、区、旗）委员会建立巡察制度，使从严治党向基层延伸。

第二十条 严格党的组织生活制度，民主生活会应当经常化，遇到重要或者普遍性问题应当及时召开。民主生活会重在解决突出问题，领导干部应当在会上把群众反映、巡视反馈、组织约谈函询的问题说清楚、谈透彻，开展批评和自我批评，提出整改措施，接受组织监督。上级党组织应当加强对下级领导班子民主生活会的指导和监督，提高民主生活会质量。

第二十一条　坚持党内谈话制度，认真开展提醒谈话、诫勉谈话。发现领导干部有思想、作风、纪律等方面苗头性、倾向性问题的，有关党组织负责人应当及时对其提醒谈话；发现轻微违纪问题的，上级党组织负责人应当对其诫勉谈话，并由本人作出说明或者检讨，经所在党组织主要负责人签字后报上级纪委和组织部门。

第二十二条　严格执行干部考察考核制度，全面考察德、能、勤、绩、廉表现，既重政绩又重政德，重点考察贯彻执行党中央和上级党组织决策部署的表现，履行管党治党责任，在重大原则问题上的立场，对待人民群众的态度，完成急难险重任务的情况。考察考核中党组织主要负责人应当对班子成员实事求是作出评价。考核评语在同本人见面后载入干部档案。落实党组织主要负责人在干部选任、考察、决策等各个环节的责任，对失察失责的应当严肃追究责任。

第二十三条　党的领导干部应当每年在党委常委会（或党组）扩大会议上述责述廉，接受评议。述责述廉重点是执行政治纪律和政治规矩、履行管党治党责任、推进党风廉政建设和反腐败工作以及执行廉洁纪律情况。述责述廉报告应当载入廉洁档案，并在一定范围内公开。

第二十四条　坚持和完善领导干部个人有关事项报告制度，领导干部应当按规定如实报告个人有关事项，及时报告个人及家庭重大情况，事先请示报告离开岗位或者工作所在地等。有关部门应当加强抽查核实。对故意虚报瞒报个人重大事项、篡改伪造个人档案资料的，一律严肃查处。

第二十五条　建立健全党的领导干部插手干预重大事项记录制度，发现利用职务便利违规干预干部选拔任用、工程建设、执纪执法、司法活动等问题，应当及时向上级党组织报告。

第四章　党的纪律检查委员会的监督

第二十六条　党的各级纪律检查委员会是党内监督的专责机关，履行监督执纪问责职责，加强对所辖范围内党组织和领导干部遵守党章党规党纪、贯彻执行党的路线方针政策情况的监督检查，承担下列具体任务：

（一）加强对同级党委特别是常委会委员、党的工作部门和直接领导的党组织、党的领导干部履行职责、行使权力情况的监督；

（二）落实纪律检查工作双重领导体制，执纪审查工作以上级纪委领导为主，线索处置和执纪审查情况在向同级党委报告的同时向上级纪委报告，各级纪委书记、副书记的提名和考察以上级纪委会同组织部门为主；

（三）强化上级纪委对下级纪委的领导，纪委发现同级党委主要领导干部的问题，可以直接向上级纪委报告；下级纪委至少每半年向上级纪委报告 1 次工作，每年向上级纪委进行述职。

第二十七条　纪律检查机关必须把维护党的政治纪律和政治

规矩放在首位，坚决纠正和查处上有政策、下有对策，有令不行、有禁不止，口是心非、阳奉阴违，搞团团伙伙、拉帮结派，欺骗组织、对抗组织等行为。

第二十八条 纪委派驻纪检组对派出机关负责，加强对被监督单位领导班子及其成员、其他领导干部的监督，发现问题应当及时向派出机关和被监督单位党组织报告，认真负责调查处置，对需要问责的提出建议。

派出机关应当加强对派驻纪检组工作的领导，定期约谈被监督单位党组织主要负责人、派驻纪检组组长，督促其落实管党治党责任。

派驻纪检组应当带着实际情况和具体问题，定期向派出机关汇报工作，至少每半年会同被监督单位党组织专题研究 1 次党风廉政建设和反腐败工作。对能发现的问题没有发现是失职，发现问题不报告、不处置是渎职，都必须严肃问责。

第二十九条 认真处理信访举报，做好问题线索分类处置，早发现早报告，对社会反映突出、群众评价较差的领导干部情况及时报告，对重要检举事项应当集体研究。定期分析研判信访举报情况，对信访反映的典型性、普遍性问题提出有针对性的处置意见，督促信访举报比较集中的地方和部门查找分析原因并认真整改。

第三十条 严把干部选拔任用“党风廉洁意见回复”关，综合日常工作中掌握的情况，加强分析研判，实事求是评价干部廉洁情况，防止“带病提拔”、“带病上岗”。

第三十一条　接到对干部一般性违纪问题的反映，应当及时找本人核实，谈话提醒、约谈函询，让干部把问题讲清楚。约谈被反映人，可以与其所在党组织主要负责人一同进行；被反映人对函询问题的说明，应当由其所在党组织主要负责人签字后报上级纪委。谈话记录和函询回复应当认真核实，存档备查。没有发现问题的应当了结澄清，对不如实说明情况的给予严肃处理。

第三十二条　依规依纪进行执纪审查，重点审查不收敛不收手，问题线索反映集中、群众反映强烈，现在重要岗位且可能还要提拔使用的领导干部，三类情况同时具备的是重中之重。执纪审查应当查清违纪事实，让审查对象从学习党章入手，从理想信念宗旨、党性原则、作风纪律等方面检查剖析自己，审理报告应当事实清楚、定性准确，反映审查对象思想认识情况。

第三十三条　对违反中央八项规定精神的，严重违纪被立案审查开除党籍的，严重失职失责被问责的，以及发生在群众身边、影响恶劣的不正之风和腐败问题，应当点名道姓通报曝光。

第三十四条　加强对纪律检查机关的监督。发现纪律检查机关及其工作人员有违反纪律问题的，必须严肃处理。各级纪律检查机关必须加强自身建设，健全内控机制，自觉接受党内监督、社会监督、群众监督，确保权力受到严格约束。

第五章　党的基层组织和党员的监督

第三十五条　党的基层组织应当发挥战斗堡垒作用，履行下列监督职责：

（一）严格党的组织生活，开展批评和自我批评，监督党员切实履行义务，保障党员权利不受侵犯；

（二）了解党员、群众对党的工作和党的领导干部的批评和意见，定期向上级党组织反映情况，提出意见和建议；

（三）维护和执行党的纪律，发现党员、干部违反纪律问题及时教育或者处理，问题严重的应当向上级党组织报告。

第三十六条　党员应当本着对党和人民事业高度负责的态度，积极行使党员权利，履行下列监督义务：

（一）加强对党的领导干部的民主监督，及时向党组织反映群众意见和诉求；

（二）在党的会议上有根据地批评党的任何组织和任何党员，揭露和纠正工作中存在的缺点和问题；

（三）参加党组织开展的评议领导干部活动，勇于触及矛盾问题、指出缺点错误，对错误言行敢于较真、敢于斗争；

（四）向党负责地揭发、检举党的任何组织和任何党员违纪违法的事实，坚决反对一切派别活动和小集团活动，同腐败现象作坚决斗争。

第六章　党内监督和外部监督相结合

第三十七条　各级党委应当支持和保证同级人大、政府、监察机关、司法机关等对国家机关及公职人员依法进行监督，人民政协依章程进行民主监督，审计机关依法进行审计监督。有关国家机关发现党的领导干部违反党规党纪、需要党组织处理的，应当及时向有关党组织报告。审计机关发现党的领导干部涉嫌违纪的问题线索，应当向同级党组织报告，必要时向上级党组织报告，并按照规定将问题线索移送相关纪律检查机关处理。

在纪律审查中发现党的领导干部严重违纪涉嫌违法犯罪的，应当先作出党纪处分决定，再移送行政机关、司法机关处理。执法机关和司法机关依法立案查处涉及党的领导干部案件，应当向同级党委、纪委通报；该干部所在党组织应当根据有关规定，中止其相关党员权利；依法受到刑事责任追究，或者虽不构成犯罪但涉嫌违纪的，应当移送纪委依纪处理。

第三十八条　中国共产党同各民主党派长期共存、互相监督、肝胆相照、荣辱与共。各级党组织应当支持民主党派履行监督职能，重视民主党派和无党派人士提出的意见、批评、建议，完善知情、沟通、反馈、落实等机制。

第三十九条　各级党组织和党的领导干部应当认真对待、自觉接受社会监督，利用互联网技术和信息化手段，推动党务公开、拓宽监督渠道，虚心接受群众批评。新闻媒体应当坚持党性和人民性相统一，坚持正确导向，加强舆论监督，对典型案例进行剖析，发挥警示作用。

第七章　整改和保障

第四十条　党组织应当如实记录、集中管理党内监督中发现的问题和线索，及时了解核实，作出相应处理；不属于本级办理范围的应当移送有权限的党组织处理。

第四十一条　党组织对监督中发现的问题应当做到条条要整改、件件有着落。整改结果应当及时报告上级党组织，必要时可以向下级党组织和党员通报，并向社会公开。

对于上级党组织交办以及巡视等移交的违纪问题线索，应当及时处理，并在3个月内反馈办理情况。

第四十二条　党委（党组）、纪委（纪检组）应当加强对履行党内监督责任和问题整改落实情况的监督检查，对不履行或者不正确履行党内监督职责，以及纠错、整改不力的，依照《中国共产党纪律处分条例》、《中国共产党问责条例》等规定处理。

第四十三条　党组织应当保障党员知情权和监督权，鼓励和支持党员在党内监督中发挥积极作用。提倡署真实姓名反映违纪事实，党组织应当为检举控告者严格保密，并以适当方式向其反馈办理情况。对干扰妨碍监督、打击报复监督者的，依纪严肃处理。

第四十四条　党组织应当保障监督对象的申辩权、申诉权等相关权利。经调查，监督对象没有不当行为的，应当予以澄清和正名。对以监督为名侮辱、诽谤、诬陷他人的，依纪严肃处理；涉嫌犯罪的移送司法机关处理。监督对象对处理决定不服的，可以依照党章规定提出申诉。有关党组织应当认真复议复查，并作出结论。

第八章　附　则

第四十五条　中央军事委员会可以根据本条例，制定相关规定。

第四十六条　本条例由中央纪律检查委员会负责解释。

第四十七条　本条例自发布之日起施行。

附录五

中国共产党问责条例

第一条　为全面从严治党，规范和强化党的问责工作，根据《中国共产党章程》，制定本条例。

第二条　党的问责工作以马克思列宁主义、毛泽东思想、邓小平理论、“三个代表”重要思想、科学发展观为指导，深入贯彻习近平总书记系列重要讲话精神，围绕协调推进“四个全面”战略布局，坚持党的领导，加强党的建设，全面从严治党，做到有权必有责、有责要担当、失责必追究，落实党组织管党治党政治责任，督促党的领导干部践行忠诚干净担当。

第三条　党的问责工作应当坚持的原则：依规依纪、实事求是，失责必问、问责必严，惩前毖后、治病救人，分级负责、层层落实责任。

第四条　党的问责工作是由党组织按照职责权限，追究在党的建设和党的事业中失职失责党组织和党的领导干部的主体责任、监督责任和领导责任。

问责对象是各级党委（党组）、党的工作部门及其领导成员，各级纪委（纪检组）及其领导成员，重点是主要负责人。

第五条　问责应当分清责任。党组织领导班子在职责范围内负有全面领导责任，领导班子主要负责人和直接主管的班子成员承担主要领导责任，参与决策和工作的班子其他成员承担重要领导责任。

第六条　党组织和党的领导干部违反党章和其他党内法规，不履行或者不正确履行职责，有下列情形之一的，应当予以问责：

（一）党的领导弱化，党的理论和路线方针政策、党中央的决策部署没有得到有效贯彻落实，在推进经济建设、政治建设、文化建设、社会建设、生态文明建设中，或者在处置本地区本部门本单位发生的重大问题中领导不力，出现重大失误，给党的事业和人民利益造成严重损失，产生恶劣影响的；

（二）党的建设缺失，党内政治生活不正常，组织生活不健全，党组织软弱涣散，党性教育特别是理想信念宗旨教育薄弱，中央八项规定精神不落实，作风建设流于形式，干部选拔任用工作中问题突出，党内和群众反映强烈，损害党的形象，削弱党执政的政治基础的；

（三）全面从严治党不力，主体责任、监督责任落实不到位，管党治党失之于宽松软，好人主义盛行、搞一团和气，不负责、不担当，党内监督乏力，该发现的问题没有发现，发现问题不报告不处置、不整改不问责，造成严重后果的；

（四）维护党的政治纪律、组织纪律、廉洁纪律、群众纪律、工作纪律、生活纪律不力，导致违规违纪行为多发，特别是维护政治纪律和政治规矩失职，管辖范围内有令不行、有禁不止，团团伙伙、拉帮结派问题严重，造成恶劣影响的；

（五）推进党风廉政建设和反腐败工作不坚决、不扎实，管辖范围内腐败蔓延势头没有得到有效遏制，损害群众利益的不正之风和腐败问题突出的；

（六）其他应当问责的失职失责情形。

第七条　对党组织的问责方式包括：

（一）检查。对履行职责不力、情节较轻的，应当责令其作出书面检查并切实整改。

（二）通报。对履行职责不力、情节较重的，应当责令整改，并在一定范围内通报。

（三）改组。对失职失责，严重违反党的纪律、本身又不能纠正的，应当予以改组。

对党的领导干部的问责方式包括：

（一）通报。对履行职责不力的，应当严肃批评，依规整改，并在一定范围内通报。

（二）诫勉。对失职失责、情节较轻的，应当以谈话或者书面方式进行诫勉。

（三）组织调整或者组织处理。对失职失责、情节较重，不适宜担任现职的，应当根据情况采取停职检查、调整职务、责令辞职、降职、免职等措施。

（四）纪律处分。对失职失责应当给予纪律处分的，依照《中国共产党纪律处分条例》追究纪律责任。

上述问责方式，可以单独使用，也可以合并使用。

第八条 问责决定应当由党中央或者有管理权限的党组织作出。其中对党的领导干部，纪委（纪检组）、党的工作部门有权采取通报、诫勉方式进行问责；提出组织调整或者组织处理的建议；采取纪律处分方式问责，按照党章和有关党内法规规定的权限和程序执行。

第九条 问责决定作出后，应当及时向被问责党组织或者党的领导干部及其所在党组织宣布并督促执行。有关问责情况应当向组织部门通报，组织部门应当将问责决定材料归入被问责领导干部个人档案，并报上一级组织部门备案；涉及组织调整或者组织处理的，应当在一个月内办理完毕相应手续。

受到问责的党的领导干部应当向问责决定机关写出书面检讨，并在民主生活会或者其他党的会议上作出深刻检查。建立健全问责典型问题通报曝光制度，采取组织调整或者组织处理、纪律处分方式问责的，一般应当向社会公开。

第十条 实行终身问责，对失职失责性质恶劣、后果严重的，不论其责任人是否调离转岗、提拔或者退休，都应当严肃问责。

第十一条 各省、自治区、直辖市党委，中央各部委，中央国家机关各部委党组（党委），可以根据本条例制定实施办法。

中央军事委员会可以根据本条例制定相关规定。

第十二条 本条例由中央纪律检查委员会负责解释。

第十三条 本条例自 2016 年 7 月 8 日起施行。此前发布的有关问责的规定，凡与本条例不一致的，按照本条例执行。